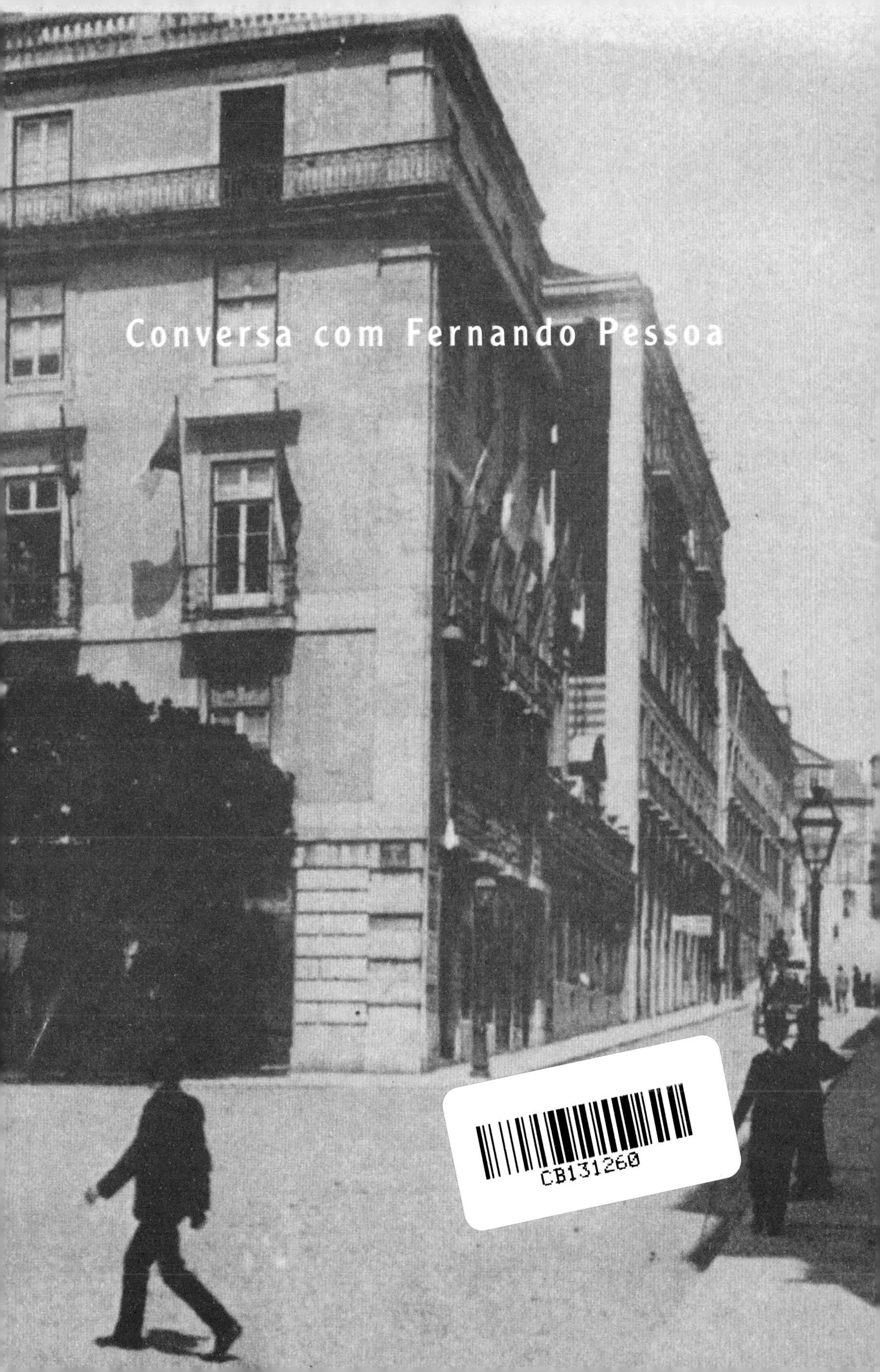

Conversa com Fernando Pessoa

CB131260

Conversa com Fernando Pessoa
© Carlos Felipe Moisés, 2006

Diretor editorial adjunto	Fernando Paixão
Editora adjunta	Gabriela Dias
Editores assistentes	Emílio Satoshi Hamaya e Fábio Weintraub
Preparação	Márcia Lígia Guidin
Coordenadora de revisão	Ivany Picasso Batista
Revisoras	Alessandra Miranda de Sá, Camila Zanon e Luicy Caetano

Arte

Projeto gráfico	Katia Harumi Terasaka
Edição	Cintia Maria da Silva
Editoração e capa	Vanderlei Lopes

CIP-BRASIL. CATALOGAÇÃO NA FONTE
SINDICATO NACIONAL DOS EDITORES DE LIVROS, RJ

M725c
Moisés, Carlos Felipe, 1942-
Conversa com Fernando Pessoa : entrevista e antologia / Carlos Felipe Moisés.
– São Paulo : Ática, 2007
(Palavra Livre; 6)

Contém suplemento de leitura
ISBN 978-85-08-10674-5

1. Pessoa, Fernando, 1888-1935 – Crítica e interpretação. 2. Poesia portuguesa – História e Crítica. I. Título. II. Série.

06-3187. CDD 869.1
CDU 821.134.3-1

ISBN 978 85 08 10674-5 (aluno)
ISBN 978 85 08 10675-2 (professor)
CAE: 211196

2022
1ª edição
10ª impressão
Impressão e acabamento: Gráfica Paym

Todos os direitos reservados pela Editora Ática, 2007
Av. Otaviano Alves de Lima, 4400 – CEP 02909-900 – São Paulo - SP
Atendimento ao cliente: 4003-3061 – atendimento@atica.com.br
www.atica.com.br

IMPORTANTE: Ao comprar um livro, você remunera e reconhece o trabalho do autor e o de muitos outros profissionais envolvidos na produção editorial e na comercialização das obras: editores, revisores, diagramadores, ilustradores, gráficos, divulgadores, distribuidores, livreiros, entre outros. Ajude-nos a combater a cópia ilegal! Ela gera desemprego, prejudica a difusão da cultura e encarece os livros que você compra.

ABDR — Cópia não autorizada é crime — Respeite o direito autoral — Editora afiliada

PALAVRA LIVRE

editora ática

CARLOS FELIPE MOISÉS

Conversa com Fernando Pessoa

entrevista e antologia

SUPLEMENTO DE LEITURA

Um garoto que cursa o 9º ano faz com seus colegas uma antologia de Fernando Pessoa e vai entrevistar o autor, que se mostra bem-humorado e disposto a explicar seus poemas. Se ele já gostava do poeta, passou a gostar ainda mais! Vamos relembrar alguns momentos dessa conversa

nome

ano ensino

escola

4. Na sua opinião, por que o poeta Fernando Pessoa escreveu seus textos usando tantos nomes diferentes?

5. Cada heterônimo de Fernando Pessoa tinha um estilo de vida e de poesia próprio. Faça uma correlação entre os nomes dos heterônimos mais famosos e as características que o poeta lhes atribuiu.

I - Alberto Caeiro
II - Ricardo Reis
III - Fernando Pessoa Ele-mesmo
IV - Álvaro de Campos

1. escritor e poeta compulsivo
2. camponês com pouca instrução
3. médico e erudito
4. engenheiro naval

a) gostava de mitologia e de falar da Natureza com uma certa distância
b) era pessimista e bastante urbano
c) escrevia sobre a Natureza com simplicidade
d) não conseguia sentir sem pensar

7. "Navegar é preciso; viver não é preciso" é um lema dos marinheiros antigos tornado famoso por Fernando Pessoa e que já inspirou muita gente. Como o poeta interpreta esse lema, tomando-o para si, e que sentido ele tem para a vida dele?

8. Marcos Siqueira cita um trecho do poema "Tabacaria", de Álvaro de Campos – "Fiz de mim o que não soube, e o que podia fazer de mim não o fiz. Conheceram-me logo por quem não era e não desmenti e perdi-me. Quando quis tirar a máscara, estava pegada à cara" –, como uma das passagens de que ele mais gosta. A poesia tem esse poder de sedução que atravessa os tempos, cria imagens

B. Sentindo a poesia

6. Em "Autopsicografia", um famoso poema que fala do ofício do poeta, Fernando Pessoa diz:

"O poeta é um fingidor.
Finge tão completamente
Que chega a fingir que é dor
A dor que deveras sente."

a. Como você entende a afirmação "O poeta é um fingidor"? Esse verso quer dizer, unicamente, que o poeta, ao criar seus versos, mente, inventa coisas para enganar as pessoas?

b. Que dor é essa de que o poeta fala e que parece ser a característica mais marcante de Fernando Pessoa Ele-mesmo?

você acha que ele tem a ver com a sua vida?

9. Com qual dos heterônimos de Fernando Pessoa você mais se identifica? Por quê?

A. Conversando sobre o poeta

1. Quando Fernando Pessoa fala sobre si, percebemos que ele não teve uma vida muito comum. Escolha as alternativas que melhor descrevem suas experiências.

[ ] Foi um funcionário público que escreveu muitos poemas nas horas vagas.

[ ] Escreveu livros que o deixaram famoso e celebrado ainda em vida.

[ ] Escreveu muito, mas publicou pouco quando estava vivo.

[ ] Teve grandes amores que inspiraram seus poemas.

[ ] Viajou mundo afora, mostrando sua alma de marinheiro nos poemas de *Mensagem*.

[ ] Foi obsessivo com sua escrita e nunca achava que tinha terminado uma obra.

2. Hoje o poeta é conhecido pela genial criação dos heterônimos, que na entrevista ele explica serem "seres imaginários, figuras de ficção, personagens". Qual a diferença entre qualquer dos heterônimos de Fernando Pessoa e os personagens de um romance?

3. Como você entende o heterônimo Fernando Pessoa Ele-mesmo? Pelo fato de assinar seus poemas com o verdadeiro nome do poeta, seria ele o heterônimo que corresponde à personalidade de Fernando Pessoa?

Este suplemento é parte integrante da obra **Conversa com Fernando Pessoa - entrevista e antologia**.
Não pode ser vendido separadamente. Reprodução proibida. © **Editora Ática**. Elaboração: Laura Bacellar.

Carlos Felipe Moisés

Conversa com Fernando Pessoa
[entrevista e antologia]

editora ática

"Não ensines nada, pois ainda tens tudo que aprender."

Barão de Teive

As imagens utilizadas neste livro constituem-se de reproduções de fotografias, de documentos e de obras artísticas inspiradas em Fernando Pessoa (ver "Descrição das imagens", na p. 183).

Sumário

* Veja o índice dos poemas ao final do livro (p. 182).

Palavras de pórtico

Navegadores antigos tinham uma frase gloriosa: "Navegar é preciso; viver não é preciso".

Quero para mim o espírito desta frase, transformada a forma para a casar com o que eu sou: Viver não é necessário; o que é necessário é criar.

Não conto gozar a minha vida; nem em gozá-la penso. Só quero torná-la grande, ainda que para isso tenha de ser o meu corpo e a minha alma a lenha desse fogo.

Só quero torná-la de toda a humanidade; ainda que para isso tenha de a perder como minha.

Cada vez mais assim penso. Cada vez mais ponho na essência anímica do meu sangue o propósito impessoal de engrandecer a pátria e contribuir para a evolução da humanidade.

É a forma que em mim tomou o misticismo da nossa Raça.

Fernando Pessoa

Palavras de pórtico – aqui, pórtico significa entrada, início; uma espécie de prefácio ao texto.

Recado de Marcos Siqueira (I)

Galera, seguinte. Eu ganhei o prêmio*, é verdade, primeiro lugar, mas devo dizer que muitas pessoas colaboraram. Eu queria então agradecer a todos, especialmente à Terezinha, ao Edu e ao Bola, e repetir o que já disse antes: esse prêmio é da turma toda. A gente passou quase o ano inteiro em cima do Fernando Pessoa, todo mundo aprendeu e curtiu pra caramba e ninguém tem dúvida: valeu a pena, demais! (Já sei: "Tudo vale a pena, se a alma não é pequena", certo?)

Vou contar como foi. Primeiro, a professora fez uma lista de livros, de e sobre Fernando Pessoa, e mandou a turma toda ler. A gente se organizou em grupos, cada um tinha as suas tarefas, ia entregando os relatórios e, uma vez por mês, a turma inteira se reunia, na quadra. Um ou outro trazia uma bola escondida na mochila, mas isso nunca atrapalhou nenhuma reunião, assim como nenhuma reunião atrapalhou o futebol que rolava depois. O resultado prático, omitindo os detalhes, foi uma bela antologia dos poemas de Fernando Pessoa. Eu fui incumbido de fazer a seleção inicial, que aliás, pra mim, já estava boa demais. Acontece que regra é regra, gosto é gosto etc.: todo mundo deu palpite, "tira esse, põe aquele", deu muita briga, muito bate-boca, mas (isso é que foi legal) a gente ia aprendendo um pouco mais, cada vez que alguém discordava. Resumo: cede daqui, cede dali, até eu acabei cedendo

---

* Prêmio de primeiro lugar no concurso entre alunos do 8º e 9º anos do Colégio Estadual Novo Mundo sobre a vida e a obra de Fernando Pessoa.

um pouco, e a antologia você pode dizer que é a reunião dos melhores poemas de Fernando Pessoa, na opinião (segundo a professora, "soberana e democrática") do 9º B do Novo Mundo, quer dizer, a nossa turma, do nosso colégio.

A professora explicou também que Fernando Pessoa escreveu milhares de poemas, que ele só fez isso a vida toda, e que então a obra dele tem uma incrível variedade de temas e estilos, a começar por esse lance genial dos "heterônimos" (se você não sabe o que é, muita calma: logo, logo, isso e muito mais vai ser explicado). Então não tinha como dar unanimidade: cada um gosta mais disso ou daquilo, e às vezes nem quer saber do resto. Aí, só juntando todas as opiniões, com o devido respeito a cada uma, é que dá pra chegar a um acordo. Corrigindo: o que cada um gosta mais ou o que cada um entende melhor. Nem sempre é a mesma coisa.

Vou dizer, curto e grosso: ninguém é obrigado a entender tudo, acho mesmo que ninguém é capaz de entender tudo, nem a professora: ela foi a primeira a reconhecer isso. Então, cada um entende o que pode e, se não for bobo, presta atenção no que o outro tem a dizer. O meu caso, por exemplo. No começo não entendi quase nada – o tal do Fernando Pessoa às vezes é complicado mesmo. Mas não desisti, fui em frente e até reli, muita coisa, mais de uma vez. Aos poucos fui entendendo. Como? Primeiro, prestando mais atenção nas palavras; segundo, não tendo preguiça de consultar o dicionário; terceiro, não tendo vergonha de trocar ideias com os colegas. Cheguei a uma conclusão: se ler e entender poesia fosse fácil, não ia ter graça nenhuma. Entender alguma coisa, depois ir aprofundando aos poucos, foi um tremendo desafio. Eu gosto de desafio e, na turma, quem não gostava passou a gostar. Pode crer, é um barato!

No final, alguém lembrou que seria muito egoísmo da nossa parte guardar tudo isso só pra gente. Que tal compartilhar com mais pessoas? Como, como? Lógico, meu! (A ideia foi da Terezinha.) É só transformar em livro e publicar. Não deu outra... Eu fui incumbido de organizar tudo e explicar o lance, aqui, neste recado.

Pra você, então, que começou a ler o nosso livro, acho que já vai ser mais fácil. A antologia taí, organizadinha, e reflete o gosto, a opinião e o entendimento de muitas pessoas. (Você também pode entrar nessa, é só tirar ou acrescentar o que quiser.) Além disso, a gente preparou umas explicações, no rodapé, que vão ajudar você a decifrar os poemas: são as dúvidas da maioria da turma. Não foi fácil. De cara, eu me recusei a explicar o que eu estava cansado de saber, e que, na minha opinião, todo mundo tinha obrigação de saber também. Ameacei largar tudo. Mas vieram os carinhas do "deixa disso" e a Terê foi decisiva. Ela falou, com o jeito manso que ela tem: "Se eu ajudar, você topa ir em frente?". Você acha que eu não ia topar? Então, ficou assim, ó: você vai lendo os poemas e, quando pintar uma palavrinha estranha, é só baixar o olho no rodapé, que ela deve estar lá. Se não estiver, você faz que nem a gente: dicionário.

A antologia foi dividida em seções, uma para cada faceta ou heterônimo, sendo que duas delas – "Poemas de Ricardo Reis" e "Poemas de *Mensagem*" – exigem uma atenção especial. São as partes mais difíceis: muita erudição, muitas palavras que ninguém conhecia. Por isso o rodapé dessas seções é mais recheado. O caso do livro *Mensagem* é ainda mais especial, mas quando chegar lá eu mando ver outro recado, tipo este aqui, que é pra você não ficar de bobeira.

Dentro de cada seção, os poemas aparecem na ordem em que foram escritos, e não segundo o grau de dificuldade de cada um. Por falar em dificuldade, lógico que isso varia de pessoa pra pessoa (o que é difícil pra você pode não ser pra ele ou ela, e vice-versa), mas não se preocupe se, por acaso, ao começar esta ou aquela seção, você logo esbarrar em alguma dificuldade: não desista, vá em frente, não deixe de ler os outros poemas. Lembre-se: ninguém é obrigado a entender tudo...

Se o rodapé não resolver, você ainda pode contar com um extra: a ajuda do próprio poeta. É isso mesmo! Eu tive o privilégio de entrevistar Fernando Pessoa. Pra mim, foi o máximo da curtição toda. Expus a ele as nossas principais dúvidas e ele respondeu tudo, com a maior clareza, não fugiu de nenhuma pergunta. Aliás (você vai ver), além de ser um poeta fora de série, Fernando Pessoa é também um cara superlegal, atencioso, m-u-i-t-o inteligente e bem-humorado.

Resumindo: você vai ler, logo depois de um trecho selecionado do meu trabalho, a primeira parte da entrevista, um bate-papo geral sobre a vida e a obra do autor; depois vêm as seções da antologia e, no final de cada uma, a continuação da entrevista, com dicas especiais sobre os poemas que você acabou de ler. Quer dizer, você lê os poemas de cada seção e depois confronta, ali mesmo, a sua interpretação com a ideia do poeta.

Agora, se você quiser aproveitar a oportunidade pra valer, é assim: você lê primeiro os poemas, depois a entrevista, do jeito que eu acabei de explicar, e aí você lê de novo esses mesmos poemas. Então vai ficar sabendo o que é entender poesia. Dá muito trabalho? Que que é isso, meu?! Se você tá a fim de moleza... Bão, deixa pra lá. Mas depois não vai dizer que eu não avisei.

É isso aí.

A intenção, minha e da turma toda, é muito simples: que você passe a gostar de Fernando Pessoa e sinta a curiosidade de ler o restante da obra. Ou, se já gostava, que passe a gostar ainda mais.

Quadro de Costa Pinheiro (detalhe)

Fernando Pessoa: vida e obra

Fernando Pessoa com a família em Durban

Durban High School, onde Fernando Pessoa estudou...

1888 – Nasce em Lisboa, Portugal, no dia 13 de junho, filho de Joaquim de Seabra Pessoa e Maria Madalena Pinheiro Nogueira Pessoa.

1889 – Nascimento do seu irmão, Jorge.

1893 – Morte do pai. No mesmo ano, morre também o irmão.

1895 – A mãe se casa de novo, com João Miguel Rosa, cônsul de Portugal em Durban, colônia inglesa na África do Sul. Aí vão nascer seus cinco irmãos, do segundo casamento da mãe: Henriqueta Madalena (1896), Madalena Henriqueta (1898), Luís Miguel (1900), João (1902) e Maria Clara (1904). Faz o curso primário no convento de West Street, de freiras católicas irlandesas, e em 1899 ingressa na Durban High School. Em agosto de 1901, viaja com a família para Lisboa, em férias. Na volta, em maio de 1902, param nos Açores; regressam a Durban em setembro, quando ele

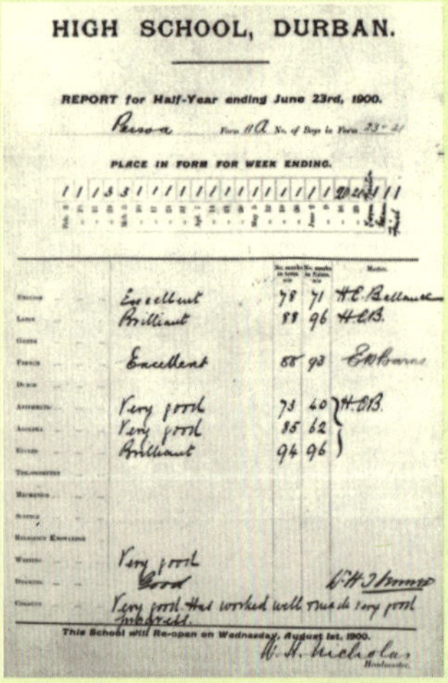

... e foi excelente aluno, como comprova seu boletim escolar

Luta republicana nas ruas de Lisboa

Capa da revista *A Águia*

retoma os estudos. Durante o ano letivo de 1904, frequenta a Commercial School, que equivale aos preparatórios para a universidade. Todo o tempo que passou na África, dos 7 aos 17 anos de idade, Fernando Pessoa se habituou a conviver com estranhos e estrangeiros, falando e escrevendo em inglês. Português era só em casa, com a família.

1905 – Acho que por isso ele desiste do Curso de Artes, na Universidade do Cabo (já tinha sido aprovado nos exames), e retorna sozinho a Lisboa, onde se matricula no Curso de Letras, que abandona um semestre depois. Preferiu estudar por conta própria.

1908 – Começa a trabalhar em vários escritórios de importação e exportação, em Lisboa, onde cuida da correspondência comercial, em francês e inglês. Vai exercer essa atividade até o fim da vida (depois que voltou da África nunca mais saiu de Lisboa), como forma de garantir a sobrevivência modesta, inteiramente dedicada à criação literária. Nunca teve um emprego regular, nunca fez questão de um diploma universitário, não se casou, não teve filhos, viveu a vida toda sozinho. Em compensação, nunca dependeu de ninguém.

1910 Data da proclamação da República em Portugal e início de um período de grande agitação, luta armada, guerra civil. O país estava dividido e decadente, e isso afetou muito o espírito de Fernando Pessoa. O projeto de um livro nacionalista, como *Mensagem* (que primeiro se chamou *Portugal*), começou a ser elaborado nessa época.

1912 – Estreia na revista *A Águia*, dirigida pelo poeta e filósofo saudosista Teixeira de Pascoaes, com o

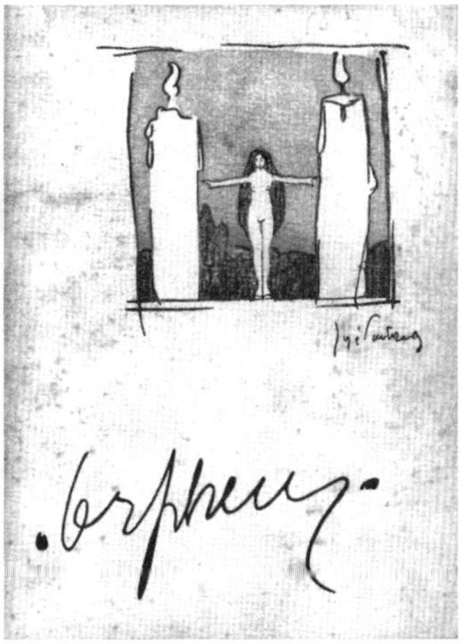

Capa da revista *Orpheu*

Capa da revista *Portugal Futurista*

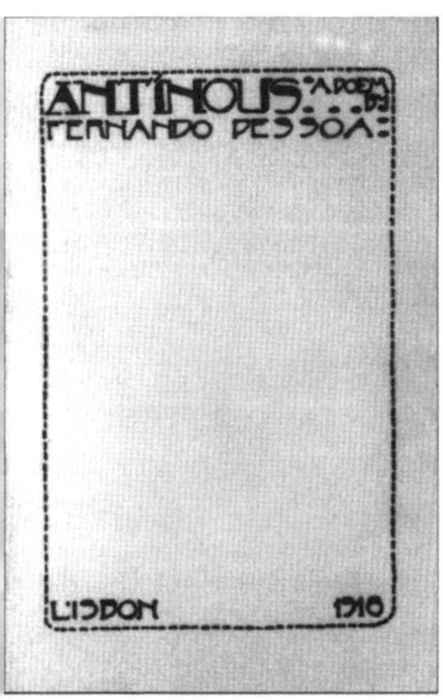

Capa da 1ª edição de *Antinous*

artigo "A nova poesia portuguesa", onde profetiza o aparecimento de um grande poeta, o "super-Camões". Todo mundo acha que é ele mesmo.

1913 – Conhece Mário de Sá-Carneiro, Luís de Montalvor, José de Almada Negreiros e outros jovens poetas e artistas, formando com eles um grupo de vanguarda, a primeira geração modernista em Portugal.

1914 – Inventa, na sequência, os heterônimos (nomes falsos, com identidade e estilo próprios) Alberto Caeiro, Ricardo Reis e Álvaro de Campos.

1915 – Lança, com o seu grupo de vanguarda, a revista *Orpheu*, revolucionária, irreverente, escandalosa, que introduz o modernismo em Portugal.

1916 – Recebe a notícia do suicídio do amigo e grande poeta Mário de Sá-Carneiro, que tinha acabado de ingerir cinco vidrinhos de estricnina. Deve ter sido uma barra...

1917 – Sai o número único da revista *Portugal Futurista*, com um manifesto de Álvaro de Campos, "Ultimatum", mais escandaloso que a revista *Orpheu*, violenta revolta contra a decadência da Europa, em plena Primeira Guerra. Álvaro de Campos diz que o homem verdadeiro deve "trocar de filosofia como quem troca de camisa" – uma das suas ideias geniais, quase cem anos à frente da sua época. Parece que a ideia se relaciona com os heterônimos: Fernando Pessoa cria heterônimos como quem troca de filosofia.

1918 – Publica dois pequenos livros de poemas em inglês, *Antinous* e *35 Sonnets*.

Ofélia de Queirós

1920 – Começa um namoro, por carta, com Ofélia de Queirós, sendo que os dois moravam em Lisboa mesmo... O namoro acabou logo e foi reatado em 1929, mas da segunda vez também não deu em nada.

1922 – Colabora na revista *Contemporânea*, sucessora de *Orpheu*. Depois ajuda a fundar outra revista, *Athena* (1924). É nessas revistas que ele vai divulgando seus artigos, ensaios e poemas. Planeja publicar mais de um livro de poesia em português (sua obra já era extensa), mas vai sempre adiando.

Fernando Pessoa e sua mãe

1925 – Morte da mãe.

1927 – Surge a revista *Presença*, dirigida por José Régio e João Gaspar Simões. É a segunda geração modernista, que desde o início reconhece em Fernando Pessoa o seu "mestre", apesar de ele ainda não ter publicado, até então, nenhum livro em português.

1929 – Sai o livro *Temas*, de João Gaspar Simões, onde aparece o primeiro estudo crítico sobre a obra e a personalidade de Fernando Pessoa.

1932 – Candidata-se ao cargo de bibliotecário do museu particular do Conde de Castro Guimarães, em Cascais, perto de Lisboa, mas é recusado. Fernando Pessoa deve ter-se conformado, lembrando que a estupidez humana não tem limite.

1934 – Publica o livro *Mensagem* e concorre ao prêmio Antero de Quental, promovido pelo governo salazarista. Fica em segundo lugar. O primeiro vai para o livro *Romaria*, de Vasco Reis, que ninguém sabe mais quem é, e que só é lembrado quando se menciona essa grande injustiça, uma das maiores da literatura do século XX.

Capa da 1ª edição de *Mensagem*

"Fernando Pessoa em flagrante *delitro*" (texto com trocadilho escrito no verso da foto enviada a Ofélia de Queirós)

Caricatura de Fernando Pessoa, feita por Almada Negreiros

1935 – Morte do poeta, vitimado por uma crise hepática (excesso de bebida alcoólica), no Hospital de São Luís, em Lisboa, no dia 30 de novembro.

1942 – Tem início a publicação de seus livros, pela Edições Ática, de Lisboa. O mundo aos poucos vai descobrindo a quantidade, a variedade e a genialidade da obra que Fernando Pessoa produziu e que manteve, em grande parte, inédita.

1958 – Sai a primeira edição popular de sua poesia no Brasil: uma pequena antologia (coleção Nossos Clássicos, da editora Agir) organizada pelo poeta e crítico português Adolfo Casais Monteiro, que tinha participado da revista *Presença*, tinha sido amigo de Fernando Pessoa e estava exilado no Brasil.

1960 – Sai a primeira edição de sua *Obra poética*, no Brasil, em um só volume, pela editora José Aguilar (hoje, Nova Aguilar). Mas não é a poesia completa: nos anos seguintes, muita coisa mais foi sendo divulgada.

Hoje – Ninguém mais desconhece que Fernando Pessoa, o genial criador dos heterônimos, é um dos maiores poetas de todos os tempos.

Navegar é preciso; viver não é preciso

– O senhor já deve estar sabendo, mas eu sou o Marcos Siqueira. Ganhei um concurso entre os alunos do 8º e do 9º ano, pra ver quem fazia a melhor pesquisa sobre a sua vida e a sua obra. Aí eu fui escolhido para vir aqui entrevistar o senhor.

– Muito bem, assim é que é... Estou às ordens.

– O seu nome completo, por favor.

– Fernando Antônio Nogueira Pessoa.

– O senhor nasceu em Portugal. Confere?

– Sim, como não! Confiro. Nasci em Lisboa, no dia 13 de junho de 1888, dia de Santo Antônio, que por isso entrou para o meu nome, sem a santidade. E morri aí mesmo, a 30 de novembro de 1935, sem santo que me valesse.

– Mas entre os 7 e os 17 anos o senhor morou em Durban, na África do Sul, não é? Fale um pouco sobre essa experiência.

– Como minha mãe, viúva, casara-se em segundas núpcias com um senhor que era diplomata, designado para servir em Durban, em 1896 lá fomos os dois ao seu encontro, na África do Sul. Foi para mim uma etapa decisiva. Lá realizei todos os meus estudos regulares, em língua inglesa. Não havia muito que fazer, era uma cidade acanhada, cercada por uma natureza inóspita e uma gente hostil. Então, que remédio!, estudava-se, e como estudava-se!

– O senhor era bom aluno?

– Creio que sim, muito obediente e aplicado; ganhei até alguns prêmios – como o que acabas de ganhar, não é mesmo?

– É... Mas não dá nem pra comparar...

– E por que não?... Mas o fato é que em Durban eu vivia entre a escola e a casa. Na escola, julgava ser um jovem e leal súdito de Sua Majestade britânica, a exemplo de todos os meus colegas; em casa, era também, ou imaginava ser, um portuguesinho desgarrado do seu país, do qual eu mal me lembrava. Muito depois vim a descobrir que sempre fui (se calhar, de nascença) estrangeiro aqui como em toda a parte. Mas naqueles anos, em Durban, não me ocupava dessas digressões, era só estudar, estudar, estudar: inglês, francês, latim, grego, muita literatura, em todos esses idiomas, e matemáticas, química, física, geografia, filosofia, história antiga, história moderna... Depois ainda fiz um ano de comércio, contabilidade e escrituração mercantil.

– Tudo isso?! Até os 17 anos de idade?

– Pois, pois... Naquele tempo, assim era. De mais a mais, a África do Sul não fazia parte do Império Britânico? Então, nossa mãe Inglaterra queria que todos estivéssemos muito bem preparados para assumir, manter e ampliar os seus poderosos domínios, quando chegasse a nossa hora – e isso, como deves saber, só se consegue com uma educação humanística muito sólida e consistente. Eu e os filhos de ingleses que lá viviam fomos educados para futuros líderes do maior império que a História já conheceu. Bem, não era o meu caso, foi só um descuido do destino, mas assim se deu a minha educação. O essencial que pude aprender na vida, a respeito do mundo e dos homens, aprendi-o em Durban, e na língua de Shakespeare.

– E qual é a coisa essencial que o senhor aprendeu?

– Aprendi que o mundo é para quem nasce para o conquistar, e não para quem sonha que pode conquistá-lo, ainda que tenha razão.

– Quem diz isso, se não me engano, é o Álvaro de Campos, um dos seus heterônimos... Aliás, eu queria muito conversar sobre essa questão dos heterônimos, mas depois a gente chega lá... O senhor falou em "sonhar", e isso tem a ver com a poesia, não tem? O que eu queria saber é quando o senhor descobriu que era poeta.

Humanística – relativo a humanismo, filosofia que valoriza o ser humano.

Shakespeare – William Shakespeare (1564-1616), dramaturgo e poeta inglês, autor de *Romeu e Julieta*, *Ricardo III*, *Hamlet* e dezenas de outras peças de teatro.

Heterônimos – outros nomes; nomes imaginários.

– Acho que o dizes bem, é disso mesmo que se trata, "descobrir", e coincidiu com a alfabetização. Como sabes, eu fui alfabetizado em dois idiomas, simultaneamente. Bastou-me ter algum domínio sobre o inglês e o português, para descobrir que era poeta e começar a deitar versos e rimas ao papel. De início era só distração, uma habilidade que me agradava desenvolver; depois foi-se-me tornando concentração absoluta, empenho exclusivo, dia e noite, verdadeira obsessão. Mas logo tornou-se tão natural como respirar.

Quadro de Costa Pinheiro

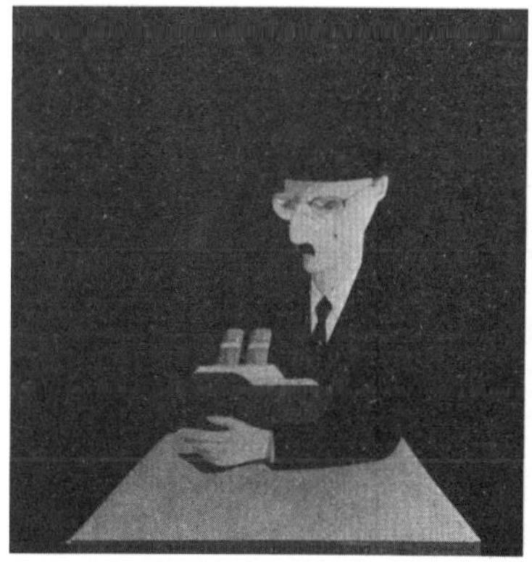

– *Quando é que o senhor teve a certeza?*

– Aí por volta dos 18, quando do meu regresso definitivo a Portugal. Um dia caiu-me diante dos olhos um livro de História Antiga, que eu pus-me a folhear, com interesse não mais que moderado, e de repente fulminou-me uma frase, uma só, que passou a ser ou a simbolizar o cerne da minha vida: "Navegar é preciso; viver não é preciso".

– *Ah, sei! É aquela frase dos marinheiros antigos. O senhor escreveu sobre isso, eu li...*

– Então, já sabes!

– *Sei nada! Achei superlegal, o Caetano Veloso também, um monte de gente acha. Mas, entender, não entendi... Dá para o senhor explicar?*

– Que dá, dá... É até bem simples. Olha, se fores um marinheiro e não te empenhares de corpo e alma na arte e na ciência de navegar, serás um marinheiro pela metade, o que vale dizer um mau marinheiro. Ou, antes, um não marinheiro. Tira o "marinheiro" e põe no lugar a profissão ou a ocupação que quiseres, e aí o tens.

– *Bem, até aí eu entendo: qualquer coisa que eu fizer na vida, eu preciso fazer bem-feito, dar tudo de mim, certo?*

– Certíssimo!

– *Mas o que eu não entendo é esse lance de "viver não é preciso"...*

– Simples, também. É só não o tomares ao pé da letra. O "viver", que para este caso "não é preciso", é tudo aquilo que possa desviar o marinheiro do seu propósito máximo, e único, o de navegar. E o que é que pode desviá-lo desse propósito? A casa deixada para trás, as casas em que puder abrigar-se, nas terras a que chegar, as riquezas, as conquistas, o amor, a fama... Nada disso é preciso. Se qualquer um desses interesses o distrair, ou se for, para ele, demasiado precioso, teremos aí um marinheiro pela metade.

Caetano Veloso – músico e intérprete baiano, nascido em 1942, que compôs um fado (gênero musical português) intitulado "Os argonautas", cujo refrão é "Navegar é preciso; viver não é preciso".

— É, eu não tinha pensado assim... Aliás, isso me lembra uma história, que eu li outro dia, sobre dois pintores franceses. Um deles era um negociante rico, que gostava de pintar, de vez em quando, só pra se distrair. Ele dizia que era "pintor de domingo". Aí, um amigo dele, o pintor que ele mais admirava, disse que ninguém pode ser pintor se não amar a pintura acima de todas as coisas. Achei isso genial. Sabe o que aconteceu? O cara se amarrou na frase do amigo e largou tudo: negócios, dinheiro, posição social, a mulher, a família, tudo! Foi ser pintor em tempo integral.

— É bem assim. Estás a falar de Paul Gauguin, o que largou tudo, para seguir o conselho de seu amigo Manet. Assim é.

— Isso mesmo, Manet e Gauguin, eu tinha esquecido os nomes. "Pintar é preciso; viver não é preciso", "Viver não é necessário; o que é necessário é fazer poesia"... Legal! Quer dizer, então, que o senhor abriu mão de tudo, desistiu de tudo, pra ficar só escrevendo? Como é que o senhor tomou essa decisão?

— A bem dizer, foi uma decisão natural, e lógica. Soube muito cedo que tinha um dom especial, um talento inato para a literatura. Em vez de isso me encher de orgulho, encheu-me, isto sim, de responsabilidade. Não havia por que vangloriar-me do fato, e menos ainda tirar proveito disso, para qualquer outro fim que não fosse aperfeiçoar esse dom, até o seu limite extremo. Afinal, que mérito há em receber-se um dom? Mérito poderia haver, caso me interessasse a mesquinharia dos méritos, em consagrar-me a ele de corpo e alma, pois isto é uma conquista e tem um preço elevado: neste caso, o homem deve aceitar que seu único destino na vida é a solidão irremediável; deve abdicar de viver a vida dita "normal", de toda a gente, qual seja casar, ter filhos, acumular riquezas, ter fama e prestígio, "vencer" na vida. O que é "vencer" na vida, senão conformar-se e, portanto, ser vencido? Os vencedores perdem as qualidades de insatisfação com as coisas, as mesmas qualidades que os levaram à luta que lhes deu a vitória. Ficam satisfeitos, e satisfeito só pode estar aquele que se conforma, que não tem a mentalidade de vencedor.

— Beleza, meu! O vencedor é que é vencido, quem ganha perde... É contraditório mas é verdade, eu tô achando que é. É por isso então que o senhor diz, não me lembro onde, "Triste de quem é feliz"?

— Aí está, aí está! É na *Mensagem*. Percebeste-o bem. Mas, então, voltando à frase dos marinheiros, adaptei-a ao meu caso, transformando-a em "Viver não é necessário; o que é necessário é criar", e de acordo com ela procedi, vida afora.

— Não consigo nem imaginar... Mas então... Vem cá, é por isso que o senhor não se casou? É por isso que não deu certo o assunto com a Ofélia? É por isso... Diz aí, o senhor nunca se arrependeu? Nunca pensou em voltar atrás?... Quer dizer, escrever um pouco menos, viver um pouco mais...

Paul Gauguin – pintor francês (1848-1903), expressionista.

Manet – Édouard Manet (1832-1883), pintor francês, formou com Degas, Pissarro, Renoir, Monet e outros o grupo dos "independentes", também chamados impressionistas.

– Tens razão, tens razão... Houve momentos em que hesitei, não que me arrependesse, mas hesitei. Um pouco escrever, um pouco viver... Quem sabe?... Tentei, por duas vezes, ser um homem de negócios, aquilo das tipografias e das editoras, a Empresa Íbis, a Olisipo. A certa altura, pensei em estabelecer-me por conta própria, como astrólogo profissional... Já próximo do fim, embora ignorasse que o fim estava próximo, candidatei-me a um emprego fixo, e não fui aceito. A verdade é que nada disso deu certo, não poderia dar. Qualquer atenção paralela desviar-me-ia do propósito maior, que era criar a minha obra. E nessas coisas não há meio-termo: ou o marinheiro empenha-se todo em ser o melhor marinheiro do mundo, ou simplesmente não é marinheiro, digno do nome; está só a fingir-se de candidato a marujo. Se calhar, minha estimada Ofélia, e eu com ela, talvez tenhamos sido vítimas dessa mesma lógica...

– *É... Só podia ser isso mesmo... Eu já tinha pensado mais ou menos isso... O que eu tô querendo saber é: o senhor escrevia todo dia? Quer dizer, todo santo dia escrevendo, escrevendo? Não tinha dia de folga, não?*

– Dia de folga? Não, não. Escrevi, está claro, todos os dias. Como podia deixar de fazê-lo? Nunca faltou-me o que escrever. Faltaram-me dias, isto sim.

– *E quantas horas por dia, em média? Pra completar a pergunta: o senhor tinha hora certa pra escrever, tipo assim só de manhã, ou só de noite?*

– Hora certa? Não. Nunca me ocorreu classificar as horas dessa maneira. Todas as minhas horas foram horas certas, horas de escrever, desde que entendas que "horas de escrever" não são só aquelas em que tive o privilégio de estar a rabiscar papéis ou a datilografar. São também as outras horas, que somos obrigados a desperdiçar com as inevitáveis banalidades da vida, horas que, quanto a mim, resumiram-se à banalidade de sobreviver. Mas foram, essas também, horas durante as quais eu estive sempre a ruminar os meus escritos, a escrever ou a reescrever, mentalmente, os meus infindáveis escritos.

– *Então, se o senhor começou a escrever lá pelos 18 anos...*

– Um pouco antes. Digamos que aos 14...

– *Ah, é a minha idade... Mas tudo bem. E se o senhor morreu aos 47, quer dizer que o senhor escreveu durante 30 e poucos anos, certo?*

– Certíssimo! Podes dizer que passei 30 e tantos anos, a fio, a escrever, todos os dias.

– Então é isso aí, tá explicado! Pra escrever a pá de coisas que o senhor escreveu, só mesmo escrevendo todo santo dia, sem parar. Pelo meu cálculo, somando os rascunhos e aquilo que o senhor deve ter rasgado, acho que o senhor escreveu aí umas 30 mil páginas, mil por ano, quase três por dia. É isso mesmo?

– Terá sido, terá sido... Algo à roda disso. Nunca pensei em contabilizá-lo. Mas aonde queres chegar?

– É lógico, pô! Não dava pra fazer mais nada, mesmo, de jeito nenhum! Se o senhor tivesse sido dono de uma editora ou se tivesse casado com a Ofélia, tido filhos e tudo o mais, não tinha escrito nem a metade. É por aí?

– Pois, pois... Essa é toda a verdade.

– Mas então me diga, se escrever foi assim tão importante na sua vida, por que o senhor não publicou mais livros? Por que só um, bem magrinho, a Mensagem*?*

– Ah, eu temia que me fizesses esta pergunta. Mas vamos lá. Houve algumas razões para assim ter sido, além daquelas que ignoro e que só o Destino saberia explicar. Primeiro, sempre estive a conceber muitos e variados livros ao mesmo tempo. Nunca fui capaz de conceber um livro, escrevê-lo, dá-lo por terminado e só em seguida conceber outro, e depois outro, e depois outro. Os meus escritos, todos eles, ficaram sempre por acabar. Sempre tive horror a dar por acabado fosse o que fosse; sempre detestei o começo e o fim das coisas.

– Por quê?

– Porque seria uma violentação... Não chegas a perceber? Repara, então. Mal chegada ao papel, a ideia mais simples suscitava logo dez mil pensamentos, e destes dez mil pensamentos brotavam dez mil interassociações, e eu não tinha força de vontade para os eliminar ou deter, nem para os reunir num só pensamento central. Uma vez em curso, e eu nunca soube ao certo como esse curso se iniciava, a escrita devia prosseguir indefinidamente. O termo dos meus pensamentos era sempre o infinito... Depois, aquela concepção de muitos livros ao mesmo tempo foi-se modificando, naturalmente, ao longo dos anos, ora acrescentada, ora diminuída, à medida que suas partes iam sendo compostas. Percebes?

– Se eu entendo? Acho que sim, deve ter sido uma baita confusão. Mas, quer saber, eu acho normal. Às vezes eu fico assim também. Quer dizer, de vez em quando. É que eu canso logo, e parto pra outra. Mas com o senhor era direto...

– Aí está, já o percebeste... Como vês, foi sempre uma grande desordem, uma grande confusão, como dizes. E confesso-te que me incomodou um pouco. Arre, homem!, eu pensava, precisas pôr uma ordem nisso! E bem que tentei... Deves ter notícia da quantidade de planos para a publicação da minha obra, que passei a vida a elaborar, planos que variavam, eram sempre outros, sempre incompletos, sempre por realizar. Mas o incômodo era de fato muito pouco, porque, para um temperamento como o meu, só assim, em meio à desordem, em meio à multiplicidade e à diversidade de caminhos, é que eu era capaz de criar.

– *Quer dizer, se o senhor tivesse publicado, vamos dizer, aos 30 anos, todos os livros que tinha escrito até aí, nunca mais ia escrever nada?*

– Talvez. Ou talvez passasse os anos restantes a reescrevê-los. E talvez tivesse enorme dificuldade em dar sequência aos que até então eram só esboço... Mas, estás a ver por que eu temia que me fizesses essa pergunta?

– *É... Me desculpe, era só uma curiosidade...*

– Está bem, está bem. Não tens que desculpar-te, não. É uma pergunta que tinha de ser feita. E ainda há outras razões. Queres saber? Assim como nunca tive certeza, nem desejo, de que os livros estivessem prontos, também nunca estive muito certo quanto às suas partes – os poemas, as prosas, os ensaios, o que fosse. Muitos foram escritos e reescritos mais de uma vez, sem que o resultado me satisfizesse; outros não foram além do esboço, e todos assim ficaram... E a razão final é que passei a vida a adiar os planos, todos, pois sempre julguei dispor de muito tempo ainda para realizá-los. Não me ocorreu que pudesse morrer tão cedo e tão repentinamente.

– *Por que então o senhor publicou a* Mensagem*? É o seu melhor livro?*

– Melhor, não sei. Meu amigo Casais Monteiro pensa que não. Mas é especial. É o único que em dado momento julguei estar pronto. O único também em que meu sentimento patriótico se expressa por inteiro, e concentradamente. E o único a ter sido concebido como tal, não na sua forma mas no seu espírito, desde o início. Passei a vida toda, obstinadamente, a elaborá-lo, poema a poema, verso a verso. Aí não está a minha alma, está aquilo que em mim é a alma portuguesa. No restante da minha obra, os sentimentos são outros. Algo então induziu-me à urgência de publicá-lo, como se estivesse a adivinhar a proximidade do fim. O mais poderia esperar. A *Mensagem*, não.

– *Acho que estou entendendo... Mas, olha, se o senhor não se importa, deixa eu voltar um pouco. O senhor falou, mais atrás, em "solidão irremediável". Meu, isso é fogo!*

– Fogo?

– *É... Quer dizer, é gíria, né? É uma parada!*

– ?

– *Ih, gíria também... Tô dizendo que deve ter sido uma dureza o senhor segurar essa barra! "Solidão irremediável"! Explique isso.*

Casais Monteiro – Adolfo Casais Monteiro (1908-1972), poeta e crítico literário português, da segunda geração modernista.

– Bem, nunca cheguei a ser um ermitão, um bicho do mato, um ser antissocial. Tive muitos amigos, dei-me sempre muito bem com a família, isto é, a mãe, o padrasto, os irmãos (do pai, mal me recordo), e os tios e tias, os cunhados, os sobrinhos, por quem tive sempre carinho e estima verdadeiros.

– Mas meio de longe, né?

– Pois, pois... À distância... Nunca apreciei intimidades, de qualquer espécie. Levei sempre uma vida muito reservada. A razão, tu já o sabes, é que sempre tive muito que escrever... E para além dos familiares, que a bem dizer nunca formaram uma só família (cada qual ia seguindo o seu destino, separado), e para além da Ofélia, todos os meus amigos e conhecidos foram escritores, artistas, intelectuais. O meu convívio com as pessoas esteve sempre a reboque da criação da minha obra. O resto nunca passou de cenário, os arredores da minha sensibilidade. Aí está a minha solidão irremediável, e não chega a ser o "fogo", a "parada" ou a "barra" que imaginaste...

– Entendi... Mas, olha, o senhor vai ter que me desculpar... Acho que essa entrevista foi ficando meio atrapalhada. Eu tinha preparado um roteiro, mas acabei esquecendo, logo de cara. O senhor falou umas coisas interessantes e tal, e eu segui por aí.

– E que mal há nisso?

– É que eu fugi do roteiro.

– Bem, então voltemos a ele. O que dizia o roteiro?

– Bem, deixa eu ver... Sei lá... Acho que agora já é meio bobagem... Não, peraí! Os heterônimos, claro! Como é que eu ia esquecendo?! É... Os heterônimos! Será que dava, por favor, para o senhor explicar isso?

– Claro, claro! Outra vez, é bem simples. Heterônimos são seres imaginários, figuras de ficção, personagens. Tal como o Hamlet... Leste o Shakespeare?

– Não.

– A Bovary, conheces? O Fausto? Também não? Qual foi o último romance que leste?

– Memórias póstumas de Brás Cubas, do Machado de Assis.

– Pronto, aí o tens. É um belíssimo romance. Brás Cubas é um ser imaginário, um ser de ficção, personagem. Tal como o Caeiro, o Reis e os demais heterônimos.

A reboque da – atrelado a ou dependente da.

Bovary – Ema Bovary, protagonista do romance de Gustave Flaubert (1821-1880), *Madame Bovary*.

Fausto – figura lendária, o homem que vendeu a alma ao diabo, em troca da sabedoria; teve várias versões literárias, sendo a mais famosa a peça com o mesmo nome, do alemão Goethe (1749-1832), muito admirado por Fernando Pessoa.

– Só isso? Simples assim?

– É... Só isso... Que mais querias? Com a diferença, claro está, de que não os meti em nenhum romance, são personagens autônomas, sem enredo. São personagens-poetas.

– Quer dizer, ficção mesmo, tudo fantasia, tudo falso. O único verdadeiro é o Fernando Pessoa Ele-mesmo?

– Não, já agora não. Todos são fantasia, ou todos são verdadeiros: dá no mesmo. Aí incluído o heterônimo que me ocorreu chamar ortônimo.

– Epa! Agora já não entendo mais nada.

– Entendes, sim. É só reparares que a esse heterônimo, dito ortônimo, designo-o sempre (repara!) por "Ele-mesmo". Se este fosse "verdadeiro" e os outros, "falsos", eu não deveria dizer "Fernando Pessoa Eu-mesmo"?

– Então por que que ele ficou "ortônimo"?

– Porque o nome é o mesmo. Mas só o nome. A personalidade, o sentimento e o espírito, não.

– Mas, se é tudo heterônimo, por que o senhor não chamou o Fernando Pessoa Ele-mesmo, sei lá, de José Medeiros? Não seria mais lógico?

– Ora, isso tem piada! Conheci mesmo um certo José Medeiros, que andava lá pela Rua da Prata, aí por 1920 e poucos... De fato, tens razão, mas não seria só mais lógico, seria também lógico demais. Se assim o fizesse, deixaria tudo demasiado claro. Nessas coisas deve haver sempre um pouco de mistério, não achas? Caso contrário, as pessoas logo perdem o interesse.

– Isso é verdade. Olha só, o senhor morreu já faz 70 anos, e até hoje todo mundo discute, todo mundo quer saber. Mas, além disso... Quer dizer... Sei lá! Eu pensei que estava entendendo, mas outra vez já não entendo mais nada.

– Outra vez, entendes sim. Por acaso estás em dúvida porque, em meio a essa coisa dos heterônimos, tu já não sabes mais onde é que eu, eu próprio, estou?

– Isso, é isso aí! Se o senhor não é o ortônimo, se o senhor não está no ortônimo, quer dizer, no Pessoa Ele-mesmo, então onde é que o senhor está?

– ...

– Já sei! Já sei! Um pouco em cada um? No conjunto, na soma deles todos?

– Perfeitamente, aí o tens. Mesmo porque, se conforme sugeres eu chamasse "José Medeiros" ao ortônimo, que então deixaria de o ser, ainda assim persistiria a dificuldade em perceber-se que o autor humano dessa obra não reconhece em

Ortônimo – nome correto. Designação dada à parte da obra assinada "Fernando Pessoa", por oposição a Caeiro, Reis e Campos – os heterônimos.

si próprio personalidade alguma. Ora bem, isto pareceria, à maior parte das pessoas, uma ideia desumana, a ideia de que, em tudo isto, fui eu, o criador de tudo, o menos que ali houve, a ideia de que tudo se passou independente de mim. Preferi então deixar que pensassem algo que, mesmo sem fazer sentido, lhes parecesse mais humano.

– Entendi... Só acho que não entendi por que cada heterônimo precisa ter uma biografia: Caeiro, camponês; Campos, engenheiro naval; Reis, médico; o Ele-mesmo... esse não tem uma biografia diferente, mas o senhor já explicou: foi só pra todo mundo achar que a biografia dele é a mesma do senhor. E isso não é verdade, certo?

– Certíssimo. Compreendeste-o muito bem. A rigor, nenhum deles precisava de biografia. Os poemas que escreveram são suficientes para demarcar uma personalidade própria. Os dados biográficos, os traços físicos e tudo o mais são mero acréscimo ou reforço. De um lado, pretexto para me entreter; de outro, a oportunidade que lhes dei de se tornarem pessoas concretas, em vez de serem só ficções literárias, figuras abstratas.

– Tá... Faz sentido... E agora eu estou pensando outra coisa, que eu não tinha pensado antes. Se o senhor inventou todos os heterônimos, ou os principais, ao mesmo tempo, logo no começo, quer dizer que o senhor foi todos eles, a vida toda? Quer dizer que o senhor viveu sempre cheio de dúvida e incerteza, assumindo todas as contradições, atirando pra todo lado, não tava nem aí?

– Pois, pois... O Caeiro, o Reis, o Campos, o ortônimo, e muitos mais, todos reunidos, a se completar e a se contradizer...

– Cara, genial! Acho que agora estou entendendo. Meu, a turma vai vibrar quando eu contar tudo isso pra eles. Genial!

– Ótimo! Eu, desde o início, não tive dúvidas de que estavas a perceber, e muito bem.

– Legal, legal! Mas, olha, agora já é um pouco tarde. Se o senhor topar, a gente continua amanhã, para conversar um pouco sobre os poemas da antologia, sobre os heterônimos.

– Está muito bem.

– Antes eu queria explicar uma coisa. Seguinte. Eu escolhi os poemas, quer dizer, eu escolhi e depois a gente fez cópia, e a turma discutiu, os carinhas da minha classe. Aí cada um deu seu palpite, todo mundo colaborou, a lista mudou um pouco e, então, eu trouxe aí os poemas que a turma curtiu mais, do Caeiro, do Reis, do Pessoa Ele-mesmo, de todos. O senhor acha bom assim?

– Parece-me perfeito.

– Então a gente vai começar pelo Alberto Caeiro. Tudo bem?

Poemas de Alberto Caeiro

[Eu nunca guardei rebanhos]

Eu nunca guardei rebanhos,
Mas é como se os guardasse.
Minha alma é como um pastor,
Conhece o vento e o sol
E anda pela mão das Estações
A seguir e a olhar.
Toda a paz da Natureza sem gente
Vem sentar-se a meu lado.
Mas eu fico triste como um pôr de sol
Para a nossa imaginação,
Quando esfria no fundo da planície
E se sente a noite entrada
Como uma borboleta pela janela.

Mas a minha tristeza é sossego
Porque é natural e justa
E é o que deve estar na alma
Quando já pensa que existe
E as mãos colhem flores sem ela dar por isso.

Como um ruído de chocalhos
Para além da curva da estrada,
Os meus pensamentos são contentes.
Só tenho pena de saber que eles são contentes,
Porque, se o não soubesse,
Em vez de serem contentes e tristes,
Seriam alegres e contentes.

Pensar incomoda como andar à chuva
Quando o vento cresce e parece que chove mais.

Entre colchetes: parte do (ou todo o) primeiro verso dos poemas sem título.

Não tenho ambições nem desejos,
Ser poeta não é uma ambição minha,
É a minha maneira de estar sozinho.

E se desejo às vezes,
Por imaginar, ser cordeirinho
(Ou ser o rebanho todo
Para andar espalhado por toda a encosta,
A ser muita cousa feliz ao mesmo tempo),
É só porque sinto o que escrevo ao pôr do sol,
Ou quando uma nuvem passa a mão por cima da luz
E corre um silêncio pela erva fora.

Quando me sento a escrever versos
Ou, passeando pelos caminhos ou pelos atalhos,
Escrevo versos num papel que está no meu pensamento,
Sinto um cajado nas mãos
E vejo um recorte de mim
No cimo dum outeiro,
Olhando para o meu rebanho e vendo as minhas ideias,
Ou olhando para as minhas ideias e vendo o meu rebanho,
E sorrindo vagamente como quem não compreende o que se diz
E quer fingir que compreende.

Saúdo todos os que me lerem,
Tirando-lhes o chapéu largo
Quando me veem à minha porta
Mal a diligência levanta no cimo do outeiro.
Saúdo-os e desejo-lhes sol,
E chuva, quando a chuva é precisa,
E que as suas casas tenham
Ao pé duma janela aberta
Uma cadeira predileta

Outeiro – pequena elevação de terreno, colina.

Onde se sentem, lendo os meus versos,
E ao lerem os meus versos pensem
Que sou qualquer cousa natural –
Por exemplo, a árvore antiga
À sombra da qual quando crianças
Se sentavam com um baque, cansados de brincar,
E limpavam o suor da testa quente
Com a manga do bibe riscado.

[O meu olhar é nítido]

O meu olhar é nítido como um girassol.
Tenho o costume de andar pelas estradas
Olhando para a direita e para a esquerda,
E de vez em quando olhando para trás...
E o que vejo a cada momento
É aquilo que nunca antes eu tinha visto,
E eu sei dar por isso muito bem...
Sei ter o pasmo essencial
Que tem uma criança se, ao nascer,
Reparasse que nascera deveras...
Sinto-me nascido a cada momento
Para a eterna novidade do Mundo...

Creio no mundo como num malmequer,
Porque o vejo. Mas não penso nele
Porque pensar é não compreender...
O Mundo não se fez para pensarmos nele
(Pensar é estar doente dos olhos)
Mas para olharmos para ele e estarmos de acordo...

Bibe – tipo de avental com mangas, usado por crianças, para não se sujarem enquanto brincam.

Eu não tenho filosofia: tenho sentidos...
Se falo na Natureza não é porque saiba o que ela é,
Mas porque a amo, e amo-a por isso,
Porque quem ama nunca sabe o que ama
Nem sabe por que ama, nem o que é amar...

Amar é a eterna inocência,
E a única inocência é não pensar...

[Há metafísica bastante]

Há metafísica bastante em não pensar em nada.

O que penso eu do mundo?
Sei lá o que penso do mundo!
Se eu adoecesse pensaria nisso.

Que ideia tenho eu das cousas?
Que opinião tenho sobre as causas e os efeitos?
Que tenho eu meditado sobre Deus e a alma
E sobre a criação do Mundo?
Não sei. Para mim pensar nisso é fechar os olhos
E não pensar. É correr as cortinas
Da minha janela (mas ela não tem cortinas).

O mistério das cousas? Sei lá o que é o mistério!
O único mistério é haver quem pense no mistério.
Quem está ao sol e fecha os olhos,
Começa a não saber o que é o sol
E a pensar muitas coisas cheias de calor.
Mas abre os olhos e vê o sol,
E já não pode pensar em nada,

Metafísica – aquilo que está além da física e não pode ser captado pelos sentidos.

Porque a luz do sol vale mais que os pensamentos
De todos os filósofos e de todos os poetas.
A luz do sol não sabe o que faz
E por isso não erra e é comum e boa.

Metafísica? Que metafísica têm aquelas árvores?
A de serem verdes e copadas e de terem ramos
E a de dar fruto na sua hora, o que não nos faz pensar,
A nós, que não sabemos dar por elas.
Mas que melhor metafísica que a delas,
Que é a de não saber para que vivem
Nem saber que o não sabem?

"Constituição íntima das cousas"...
"Sentido íntimo do Universo"...
Tudo isto é falso, tudo isto não quer dizer nada.
É incrível que se possa pensar em cousas dessas.
É como pensar em razões e fins
Quando o começo da manhã está raiando, e pelos lados das árvores
Um vago ouro lustroso vai perdendo a escuridão.

Pensar no sentido íntimo das cousas
É acrescentado, como pensar na saúde
Ou levar um copo à água das fontes.

O único sentido íntimo das cousas
É elas não terem sentido íntimo nenhum.

Não acredito em Deus porque nunca o vi.
Se ele quisesse que eu acreditasse nele,
Sem dúvida que viria falar comigo
E entraria pela minha porta dentro
Dizendo-me, *Aqui estou!*

Copadas – diz-se das árvores que têm a parte superior (copa) abundante.

(Isto é talvez ridículo aos ouvidos
De quem, por não saber o que é olhar para as cousas,
Não compreende quem fala delas
Com o modo de falar que reparar para elas ensina.)

Mas se Deus é as flores e as árvores
E os montes e o sol e o luar,
Então acredito nele,
Então acredito nele a toda a hora,
E a minha vida é toda uma oração e uma missa,
E uma comunhão com os olhos e pelos ouvidos.

Mas se Deus é as árvores e as flores
E os montes e o luar e o sol,
Para que lhe chamo eu Deus?
Chamo-lhe flores e árvores e montes e sol e luar;
Porque, se ele se fez, para eu o ver,
Sol e luar e flores e árvores e montes,
Se ele me aparece como sendo árvores e montes
E luar e sol e flores,
É que ele quer que eu o conheça
Como árvores e montes e flores e luar e sol.

E por isso eu obedeço-lhe
(Que mais sei eu de Deus que Deus de si próprio?),
Obedeço-lhe a viver, espontaneamente,
Como quem abre os olhos e vê,
E chamo-lhe luar e sol e flores e árvores e montes,
E amo-o sem pensar nele,
E penso-o vendo e ouvindo,
E ando com ele a toda a hora.

[Num meio-dia de fim de primavera]

Num meio-dia de fim de primavera
Tive um sonho como uma fotografia.
Vi Jesus Cristo descer à terra.

Veio pela encosta de um monte
Tornado outra vez menino,
A correr e a rolar-se pela erva
E a arrancar flores para as deitar fora
E a rir de modo a ouvir-se de longe.

Tinha fugido do céu.
Era nosso demais para fingir
De segunda pessoa da Trindade.
No céu era tudo falso, tudo em desacordo
Com flores e árvores e pedras.
No céu tinha que estar sempre sério
E de vez em quando de se tornar outra vez homem
E subir para a cruz, e estar sempre a morrer
Com uma coroa toda à roda de espinhos
E os pés espetados por um prego com cabeça,
E até com um trapo à roda da cintura
Como os pretos nas ilustrações.
Nem sequer o deixavam ter pai e mãe
Como as outras crianças.
O seu pai era duas pessoas –
Um velho chamado José, que era carpinteiro,
E que não era pai dele;
E o outro pai era uma pomba estúpida,
A única pomba feia do mundo
Porque não era do mundo nem era pomba.
E a sua mãe não tinha amado antes de o ter.
Não era mulher: era uma mala
Em que ele tinha vindo do céu.
E queriam que ele, que só nascera da mãe,

E nunca tivera pai para amar com respeito,
Pregasse a bondade e a justiça!

Um dia que Deus estava a dormir
E o Espírito Santo andava a voar,
Ele foi à caixa dos milagres e roubou três.
Com o primeiro fez que ninguém soubesse que ele tinha fugido.
Com o segundo criou-se eternamente humano e menino.
Com o terceiro criou um Cristo eternamente na cruz
E deixou-o pregado na cruz que há no céu
E serve de modelo às outras.
Depois fugiu para o sol
E desceu pelo primeiro raio que apanhou.

Hoje vive na minha aldeia comigo.
É uma criança bonita de riso e natural.
Limpa o nariz ao braço direito,
Chapinha nas poças de água,
Colhe as flores e gosta delas e esquece-as.
Atira pedras aos burros,
Rouba a fruta dos pomares
E foge a chorar e a gritar dos cães.
E, porque sabe que elas não gostam
E que toda a gente acha graça,
Corre atrás das raparigas
Que vão em ranchos pelas estradas
Com as bilhas às cabeças
E levanta-lhes as saias.

A mim ensinou-me tudo.
Ensinou-me a olhar para as cousas.
Aponta-me todas as cousas que há nas flores.

Chapinha – do verbo chapinhar: agitar um líquido, com as mãos ou com os pés.
Ranchos – grupos de pessoas em marcha, passeio etc.
Bilha – vaso ou pote bojudo, de gargalo estreito.

Mostra-me como as pedras são engraçadas
Quando a gente as tem na mão
E olha devagar para elas.

Diz-me muito mal de Deus.
Diz que ele é um velho estúpido e doente,
Sempre a escarrar no chão
E a dizer indecências.
A Virgem Maria leva as tardes da eternidade a fazer meia,
E o Espírito Santo coça-se com o bico
E empoleira-se nas cadeiras e suja-as.
Diz-me que Deus não percebe nada
Das cousas que criou –
"Se é que ele as criou, do que duvido" –
"Ele diz, por exemplo, que os seres cantam a sua glória,
Mas os seres não cantam nada.
Se cantassem seriam cantores.
Os seres existem e mais nada,
E por isso se chamam seres."
E depois, cansado de dizer mal de Deus,
O Menino Jesus adormece nos meus braços
E eu levo-o ao colo para casa.

....

Ele mora comigo na minha casa a meio do outeiro.
Ele é a Eterna Criança, o deus que faltava.
Ele é o humano que é natural,
Ele é o divino que sorri e que brinca.
E por isso é que eu sei com toda a certeza
Que ele é o Menino Jesus verdadeiro.

E a criança tão humana que é divina
É esta minha quotidiana vida de poeta,
E é porque ele anda sempre comigo que eu sou poeta sempre,
E que o meu mínimo olhar
Me enche de sensação,

E o mais pequeno som, seja do que for,
Parece falar comigo.

A Criança Nova que habita onde vivo
Dá-me uma mão a mim
E a outra a tudo que existe
E assim vamos os três pelo caminho que houver,
Saltando e cantando e rindo
E gozando o nosso segredo comum
Que é o de saber por toda a parte
Que não há mistério no mundo
E que tudo vale a pena.

A Criança Eterna acompanha-me sempre.
A direção do meu olhar é o seu dedo apontando.
O meu ouvido atento alegremente a todos os sons
São as cócegas que ele me faz, brincando, nas orelhas.

Damo-nos tão bem um com o outro
Na companhia de tudo
Que nunca pensamos um no outro,
Mas vivemos juntos e dois
Com um acordo íntimo
Como a mão direita e a esquerda.

Ao anoitecer brincamos as cinco pedrinhas
No degrau da porta da casa,
Graves como convém a um deus e a um poeta,
E como se cada pedra
Fosse todo um universo
E fosse por isso um grande perigo para ela
Deixá-la cair no chão.

Depois eu conto-lhe histórias das cousas só dos homens
E ele sorri, porque tudo é incrível,
Ri dos reis e dos que não são reis,
E tem pena de ouvir falar das guerras,

E dos comércios, e dos navios
Que ficam fumo no ar dos altos-mares.
Porque ele sabe que tudo isso falta àquela verdade
Que uma flor tem ao florescer
E que anda com a luz do sol
A variar os montes e os vales
E a fazer doer aos olhos os muros caiados.

Depois ele adormece e eu deito-o.
Levo-o ao colo para dentro de casa
E deito-o, despindo-o lentamente
E como seguindo um ritual muito limpo
E todo materno até ele estar nu.

Ele dorme dentro da minha alma
E às vezes acorda de noite
E brinca com os meus sonhos.
Vira uns de pernas para o ar,
Põe uns em cima dos outros
E bate as palmas sozinho
Sorrindo para o meu sono.

Quando eu morrer, filhinho,
Seja eu a criança, o mais pequeno.
Pega-me tu ao colo
E leva-me para dentro da tua casa.
Despe o meu ser cansado e humano
E deita-me na tua cama.
E conta-me histórias, caso eu acorde,
Para eu tornar a adormecer.
E dá-me sonhos teus para eu brincar
Até que nasça qualquer dia
Que tu sabes qual é.

Esta é a história do meu Menino Jesus.
Por que razão que se perceba
Não há de ser ela mais verdadeira
Que tudo quanto os filósofos pensam
E tudo quanto as religiões ensinam?

[Não me importo com as rimas]

Não me importo com as rimas. Raras vezes
Há duas árvores iguais, uma ao lado da outra.
Penso e escrevo como as flores têm cor
Mas com menos perfeição no meu modo de exprimir-me
Porque me falta a simplicidade divina
De ser todo só o meu exterior.

Olho e comovo-me,
Comovo-me como a água corre quando o chão é inclinado,
E a minha poesia é natural como o levantar-se o vento...

[O Tejo é mais belo]

O Tejo é mais belo que o rio que corre pela minha aldeia,
Mas o Tejo não é mais belo que o rio que corre pela
    minha aldeia
Porque o Tejo não é o rio que corre pela minha aldeia.

O Tejo tem grandes navios
E navega nele ainda,

Tejo – rio que nasce na Espanha, entra em Portugal, na região da Estremadura (sudeste), e deságua no Atlântico. Lisboa fica na sua foz, de onde partiram as caravelas, na época dos Descobrimentos.

Para aqueles que veem em tudo o que lá não está,
A memória das naus.

O Tejo desce de Espanha
E o Tejo entra no mar em Portugal.
Toda a gente sabe isso.
Mas poucos sabem qual é o rio da minha aldeia
E para onde ele vai
E donde ele vem.
E por isso, porque pertence a menos gente,
É mais livre e maior o rio da minha aldeia.

Pelo Tejo vai-se para o Mundo.
Para além do Tejo há a América
E a fortuna daqueles que a encontram.
Nunca ninguém pensou no que há para além
Do rio da minha aldeia.

O rio da minha aldeia não faz pensar em nada.
Quem está ao pé dele está só ao pé dele.

[O meu olhar azul]

O meu olhar azul como o céu
É calmo como a água ao sol.
É assim, azul e calmo,
Porque não interroga nem se espanta...

Se eu interrogasse e me espantasse
Não nasciam flores novas nos prados
Nem mudaria qualquer cousa no sol de modo a ele ficar
mais belo...
(Mesmo se nascessem flores novas no prado
E se o sol mudasse para mais belo,

Eu sentiria menos flores no prado
E achava mais feio o sol...
Porque tudo é como é e assim é que é,
E eu aceito, e nem agradeço,
Para não parecer que penso nisso...)

[O que nós vemos das cousas]

O que nós vemos das cousas são as cousas.
Por que veríamos nós uma cousa se houvesse outra?
Por que é que ver e ouvir seria iludirmo-nos
Se ver e ouvir são ver e ouvir?

O essencial é saber ver,
Saber ver sem estar a pensar,
Saber ver quando se vê,
E nem pensar quando se vê
Nem ver quando se pensa.

Mas isso (tristes de nós que trazemos a alma vestida!),
Isso exige um estudo profundo,
Uma aprendizagem de desaprender
E uma sequestração na liberdade daquele convento
De que os poetas dizem que as estrelas são as freiras eternas
E as flores as penitentes convictas de um só dia,
Mas onde afinal as estrelas não são senão estrelas
Nem as flores senão flores,
Sendo por isso que lhes chamamos estrelas e flores.

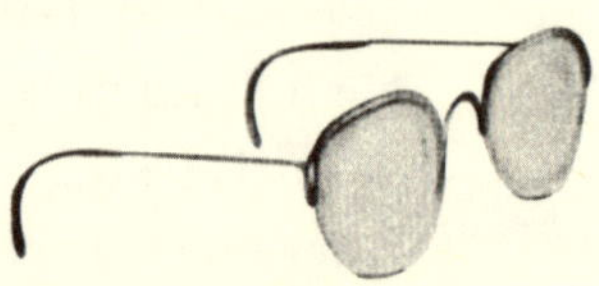

[O mistério das cousas]

O mistério das cousas, onde está ele?
Onde está ele que não aparece
Pelo menos a mostrar-nos que é mistério?
Que sabe o rio disso e que sabe a árvore?
E eu, que não sou mais do que eles, que sei disso?
Sempre que olho para as cousas e penso no que os homens pensam delas,
Rio como um regato que soa fresco numa pedra.

Porque o único sentido oculto das cousas
É elas não terem sentido oculto nenhum.
É mais estranho do que todas as estranhezas
E do que os sonhos de todos os poetas
E os pensamentos de todos os filósofos,
Que as cousas sejam realmente o que parecem ser
E não haja nada que compreender.

Sim, eis o que os meus sentidos aprenderam sozinhos: –
As cousas não têm significação: têm existência.
As cousas são o único sentido oculto das cousas.

[Passa uma borboleta]

Passa uma borboleta por diante de mim
E pela primeira vez no Universo eu reparo
Que as borboletas não têm cor nem movimento,
Assim como as flores não têm perfume nem cor.
A cor é que tem cor nas asas da borboleta,
No movimento da borboleta o movimento é que se move,
O perfume é que tem perfume no perfume da flor.
A borboleta é apenas borboleta
E a flor é apenas flor.

Regato – córrego, riacho.

[Deste modo ou daquele modo]

Deste modo ou daquele modo.
Conforme calha ou não calha,
Podendo às vezes dizer o que penso,
E outras vezes dizendo-o mal e com misturas,
Vou escrevendo os meus versos sem querer,
Como se escrever não fosse uma cousa feita de gestos,
Como se escrever fosse uma cousa que me acontecesse
Como dar-me o sol de fora.

Procuro dizer o que sinto
Sem pensar em que o sinto.
Procuro encostar as palavras à ideia
E não precisar dum corredor
Do pensamento para as palavras.

Nem sempre consigo sentir o que sei que devo sentir.
O meu pensamento só muito devagar atravessa o rio a nado
Porque lhe pesa o fato que os homens o fizeram usar.

Procuro despir-me do que aprendi,
Procuro esquecer-me do modo de lembrar que
    me ensinaram,
E raspar a tinta com que me pintaram os sentidos,
Desencaixotar as minhas emoções verdadeiras,
Desembrulhar-me e ser eu, não Alberto Caeiro,
Mas um animal humano que a Natureza produziu.

E assim escrevo, querendo sentir a Natureza, nem sequer
    como um homem,
Mas como quem sente a Natureza, e mais nada.
E assim escrevo, ora bem, ora mal,

Fato – em Portugal, traje masculino adulto, o mesmo que "terno", no Brasil. Compare com "fato" (acontecimento), que em Portugal se escreve "facto".

Ora acertando com o que quero dizer, ora errando,
Caindo aqui, levantando-me acolá,
Mas indo sempre no meu caminho como um cego teimoso.
Ainda assim, sou alguém.
Sou o Descobridor da Natureza.
Sou o Argonauta das sensações verdadeiras.
Trago ao Universo um novo Universo
Porque trago ao Universo ele-próprio.

Isto sinto e isto escrevo
Perfeitamente sabedor e sem que não veja
Que são cinco horas do amanhecer
E que o sol, que ainda não mostrou a cabeça
Por cima do muro do horizonte,
Ainda assim já se lhe veem as pontas dos dedos
Agarrando o cimo do muro
Do horizonte cheio de montes baixos.

[Da mais alta janela]

Da mais alta janela da minha casa
Com um lenço branco digo adeus
Aos meus versos que partem para a Humanidade.

E não estou alegre nem triste.
Esse é o destino dos versos.
Escrevi-os e devo mostrá-los a todos
Porque não posso fazer o contrário,
Como a flor não pode esconder a cor,
Nem o rio esconder que corre,
Nem a árvore esconder que dá fruto.

Argonauta – grande navegador, explorador dos mares.

Ei-los que vão já longe como que na diligência
E eu sem querer sinto pena
Como uma dor no corpo.

Quem sabe quem os lerá?
Quem sabe a que mãos irão?

Flor, colheu-me o meu destino para os olhos.
Árvore, arrancaram-me os frutos para as bocas.
Submeto-me e sinto-me quase alegre,
Quase alegre como quem se cansa de estar triste.

Ide, ide de mim!
Passa a árvore e fica dispersa pela Natureza.
Murcha a flor e o seu pó dura sempre.
Corre o rio e entra no mar e a sua água é sempre a que foi sua.

Passo e fico, como o Universo.

[Não basta abrir a janela]

Não basta abrir a janela
Para ver os campos e o rio.
Não é bastante não ser cego
Para ver as árvores e as flores.
É preciso também não ter filosofia nenhuma.
Com filosofia não há árvores: há ideias apenas.
Há só cada um de nós, como uma cave.
Há só uma janela fechada, e todo o mundo lá fora;
E um sonho do que se poderia ver se a janela se abrisse,
Que nunca é o que se vê quando se abre a janela.

Diligência – carruagem de tração animal.
Cave – pavimento inferior da casa, abaixo do nível da rua; equivale a "porão".

[Falas de civilização]

Falas de civilização, e de não dever ser,
Ou de não dever ser assim.
Dizes que todos sofrem, ou a maioria de todos,
Com as cousas humanas postas desta maneira.
Dizes que se fossem diferentes, sofreriam menos.
Dizes que se fossem como tu queres, seria melhor.
Escuto sem te ouvir.
Para que te quereria eu ouvir?
Ouvindo-te nada ficaria sabendo.
Se as cousas fossem diferentes, seriam diferentes: eis tudo.
Se as cousas fossem como tu queres, seriam só como tu queres.
Ai de ti e de todos que levam a vida
A querer inventar a máquina de fazer felicidade!

Uma aprendizagem de desaprender

– Olha, não sei se eu vou dizer alguma besteira, mas eu achei, todo mundo achou, que o Alberto Caeiro é o mais simples de todos. Ele é um sujeito que não esquenta a cabeça, não perde tempo pensando um monte de coisas, fantasiando. O Caeiro só pensa uma coisa de cada vez, quer dizer, ele nem pensa, ele só olha, uma coisa de cada vez, e fica feliz. E vai levando a vida, numa boa. Todo mundo achou da hora a filosofia de vida do Caeiro: simples, natural e verdadeira. É isso mesmo?

– Sim, sim. Como dizes, Caeiro é o mais simples de todos... E que mais viste nele?

– Que ele ama a Natureza, que ele respeita os animais, as pedras, as plantas, tudo que existe; que ele não tem filosofia, só tem os sentidos, principalmente a vista, o olhar; que ele não é diferente dos bichos, das pedras e das plantas; que ele também faz parte da Natureza. Por exemplo, ele diz que é só "um animal humano que a Natureza produziu". Cara, achei isso beleza pura!

– Alegra-me saber que vês aí beleza pura. É disso mesmo que se trata.

– Legal! E tem mais. O Caeiro é tão natural, tão verdadeiro e tão simples, que a gente nem preparou um roteiro, nem achou que precisava fazer alguma pergunta. Por que o senhor não fala um pouco dele?

– Tens razão, Caeiro deixa-nos espantados e paralisados. Muitos que lerem sua obra dirão, chegados ao fim dela, que é excessivamente simples e fácil de fazer. Dado o primeiro passo, nada há mais fácil que fazer cousas análogas.

Análogas – semelhantes, parecidas.

O segundo passo não custa, e menos custa quando o primeiro é dado pelos outros. O fato é que, nesta nossa época, em que julgamos que nada há que nos possa espantar ou que possa gritar-nos uma novidade, Caeiro realmente espanta e realmente respira novidade absoluta.

– E a novidade dele, no fundo, não tem nada de novo, né? Ele só mostra que cada coisa é o que é; que cada coisa, incluindo o ser humano, a vida, tudo, é muito, mas muito mais simples do que parece: é só prestar atenção, é só olhar com atenção.

– Sem dúvida, sem dúvida... Caeiro olha para as coisas e vê cada objeto, esforçando-se por separá-lo tanto quanto possível de todos os outros objetos e de todas as sensações ou ideias, as quais, por assim dizer, não fazem parte do objeto em si próprio.

– Uma coisa de cada vez, cada coisa bem separada das outras... Se ele quisesse ligar tudo e ver tudo junto, aí já não era mais ver, era pensar. E pensar é esquecer as coisas, é ficar ruminando as ideias, as fantasias, cada um na sua.

– Perfeitamente. A este nosso mundo, mergulhado em diversos gêneros de subjetivismo, Caeiro vem trazer o Objetivismo Absoluto, vem restituir a este mundo ultracivilizado a Natureza Absoluta. A nossa primeira impressão de Caeiro é que todos sabem o que ele nos diz, e que por isso não há necessidade de o dizer. Mas é a velha história do ovo de Colombo. Se todos o sabem, por que é que ninguém o disse? Se não vale a pena dizê-lo, mas é verdadeiro, por que é que cada poeta diz o contrário?

– Ah, agora eu também estou entendendo por que o Caeiro não usa métrica nem rima, escreve como se estivesse conversando, natural e espontâneo. Ele tem um estilo claro e simples, a gente saca na hora o que ele diz. É por isso que ele só podia ser um camponês, um sujeito ligado na terra; é claro que não podia ser um engenheiro, como o Álvaro de Campos, nem um médico, tipo o Ricardo Reis. Ele escreve como quem fala, mas deixa tudo redondinho, calmo e tranquilo.

– É verdade. Os poemas do Caeiro parecem traduções para linguagem humana de poemas escritos no idioma dos deuses, e que na tradução conservam o divino equilíbrio, a divina calma, a unidade sobre-humana das obras imortais. Eu próprio tenho por hábito haurir nos versos dele a tranquilidade e o repouso que

---

Subjetivismo – modo de pensar que leva em conta o que é subjetivo, próprio do eu de cada um.

Ovo de Colombo – Cristóvão Colombo descobriu como se coloca em pé um ovo cru: trincando, de leve, a extremidade. A expressão designa qualquer coisa que fica fácil depois que alguém mostra como se faz.

Métrica – conjunto de regras que determinam as medidas, o ritmo e a organização formal do poema; o mesmo que metrificação.

Haurir – retirar, extrair, absorver.

a vida moderna nos nega. Porque sua obra, fora de ser o que é de espantosamente inovadora, é um repouso e um livramento, um refúgio e uma libertação.

– Ah, tá... Entendi. É por isso que todo mundo curte Alberto Caeiro... Gostei disso aí que o senhor falou, "a tranquilidade e o repouso que a vida moderna nos nega". É isso! No fundo a gente, todo mundo, queria ser como o Caeiro, não é mesmo?

– Creio que sim. Caeiro acena com o homem verdadeiramente humano, latente em todos nós.

– Olha, tem só uma coisa que a gente não entendeu direito, e eu tô achando que tem a ver com o que o senhor acabou de dizer. É quando ele fala da "aprendizagem de desaprender". Que história é essa de "desaprender"? O negócio não é "aprender"? A turma discutiu isso, mas não deu pra concluir nada. A gente até começou a desconfiar que o Caeiro não é tão simples assim, não. O que o senhor acha?

– Acho que continuas a ter razão. Caeiro de fato não é assim tão simples, e isto guarda relação, sem dúvida, com o que estávamos a conversar. Vê só. Se nós, homens modernos, olhamos para as coisas e não as vemos, porque vemos sempre outra e outras mais, quando não estamos a enxergar ali só os nossos pensamentos – isto, afinal, deve-se a quê? Isto se deve, claro está, à nossa ciência, ao nosso conhecimento da realidade, àquilo tudo que nos vem sendo transmitido, há séculos, e forma o que sabemos ou julgamos saber do mundo.

– Perfeito!

– Perfeito? Quanto a mim, eu chamá-lo-ia mais-que-imperfeito...

– É, claro... Mas não foi isso que eu quis dizer... Ah, entendi: o senhor tá zoando, né? Tudo bem. Acho que estou chegando lá... O senhor tá dizendo, tudo que a gente aprende, tudo que a gente já aprendeu, a gente precisa... a gente precisa... meu! Jogar fora?! Esquecer?! Não vale nada, tá tudo errado?! Meu! O Caeiro diz que só se a gente conseguir desaprender tudo, mas tudo mesmo, é que vai conseguir enxergar as coisas, ver cada coisa como ela é, incluindo a gente mesmo?

– Sem tirar nem pôr, é essa a ideia do Alberto Caeiro.

– Mas é lógico! Meu, como é que a gente não viu isso antes! Lógico! Se ele diz que "o essencial é saber ver, saber ver sem estar a pensar, saber ver quando se vê, e nem pensar quando se vê nem ver quando se pensa"; e se ele diz "tristes de nós que trazemos a alma vestida"; é lógico que pra "saber ver" a gente vai ter que desaprender tudo que aprendeu errado, que aprendeu com a cabeça e não, sei lá!, com a alma. A gente só vai enxergar as coisas se enxergar não com a alma "vestida", mas a alma sem roupa nenhuma. Agora tá fazendo sentido o jeito como ele fala de Deus, de Jesus Cristo, da religião: de alma sem roupa. Superlegal! É... Isso eu tinha entendido errado, até a Terê dançou. A gente achou que o Caeiro era um tremendo de um ateu, "se Deus quisesse que eu acreditasse nele sem dúvida que viria falar comigo", zoando com tudo que é religião, sem nenhum respeito pelas coisas sagradas... Nada disso! Mas também não quer dizer que ele é religioso, que ele tem uma religião. Não! Ele não acredita em nada, ele só vê. É o que ele diz: "o essencial é saber ver". Sei lá... Difícil de definir. Estou entendendo cada vez melhor. E começando a achar o Caeiro meio complicado.

– Pois aí está a novidade absoluta, aí está o espanto inigualável, de que antes falávamos, e que escapa a qualquer definição. Por isso o Álvaro de Campos, naquelas "Notas" para a recordação do seu Mestre, e referindo-se à conversação que com ele entreteve, diz ter sentido "carnalmente que estava discutindo, não com outro homem, mas com outro universo".

– Gostei, gostei desse "outro universo"! Mas, vem cá, então a gente vai concluir que, na verdade, o Caeiro não é bem um pastor, um camponês ingênuo... Lógico! Pra desaprender tudo, olha bem: desaprender, o sujeito antes precisa ter aprendido tudo. Só depois, então, é que ele vai conseguir não saber nada, a fim de olhar para as coisas e ver o que cada uma é. Não é o caso do pastor ingênuo, primitivo, que nunca estudou e que por isso não sabe nada. Não!... Caeiro é o cara que aprendeu de tudo, foi aprendendo, aprendendo, até descobrir que nada disso fazia sentido. E então ele precisava mais é desaprender. Genial! O Caeiro não pensa, vírgula! Quem diz "eu não penso" já está pensando. Ele não ia escrever uma linha do que escreveu se não estivesse o tempo todo pensando... Uma coisa é você não saber porque é ignorante; outra, muito diferente, é você não saber porque foi capaz de desaprender o que achava que sabia. É isso?

– Com certeza! Não reparaste que a primeira afirmação do Caeiro, logo à abertura dos seus poemas, é: "Eu nunca guardei rebanhos, mas é como se os guardasse"? Então, viste-o bem: Caeiro não é, nunca foi um guardador de rebanhos. Mas escreveu todos os seus luminosos poemas como se o fosse, vale dizer, a fingir que o era.

– É... A gente passou batido por isso aí, não deu a menor importância. Mas agora está tudo muito claro, e tudo ligado. O poeta não é um fingidor? Então ele pode fingir que é um cara simples, ingênuo, natural, sem conhecimento nenhum, que não sabe de nada, para então poder falar das coisas desse jeito legal, que todo mundo acha lindo e verdadeiro. O senhor não acha?

– Acho, acho. Sem dúvida...

– Mas no fundo o Caeiro não deixa de ser, também, um cara ultracivilizado, como o senhor falou. O Pessoa Ele-mesmo não diz pra ceifeira: "ter a tua alegre inconsciência e a consciência disso"? Então, taí uma definição do poeta-camponês. Ele é o sujeito que tem a inconsciência e a consciência disso, tudo junto. Cheguei perto? O senhor acha que agora eu entendi?

– Perfeitamente. Eu, de minha parte, não teria nada que acrescentar.

– Beleza! O Alberto Caeiro, agora, pra mim, ficou redondinho. Se melhorar, estraga... Agora, vem cá. O último poema que a gente escolheu, aquele que começa "Falas de civilização...", me deu o que pensar. Será que não dava, não, pra alguém inventar a tal "máquina de fazer felicidade"? Ia ser bom demais!

– Lá isso seria... Por que não te empenhas nisso?

– É, pode ser... Vou pensar... Mas por enquanto estou pensando é no Ricardo Reis, que também se liga nesse lance de felicidade, só que de um jeito... Meu! Quase não dá pra entender! Ele é muito, mas muito mais difícil que o Caeiro, a começar pela quantidade de palavras que a gente não conhece.

– Tens razão. É que o doutor Reis é um homem de sólida formação clássica. Mas isso se resolve: um tanto de latim, outro tanto de mitologia e, pronto, já se vê o que ele está a dizer. Façamos assim: tu me trazes cópia dos poemas que escolheste, assinalas as palavras que não compreendes e chega-se lá.*

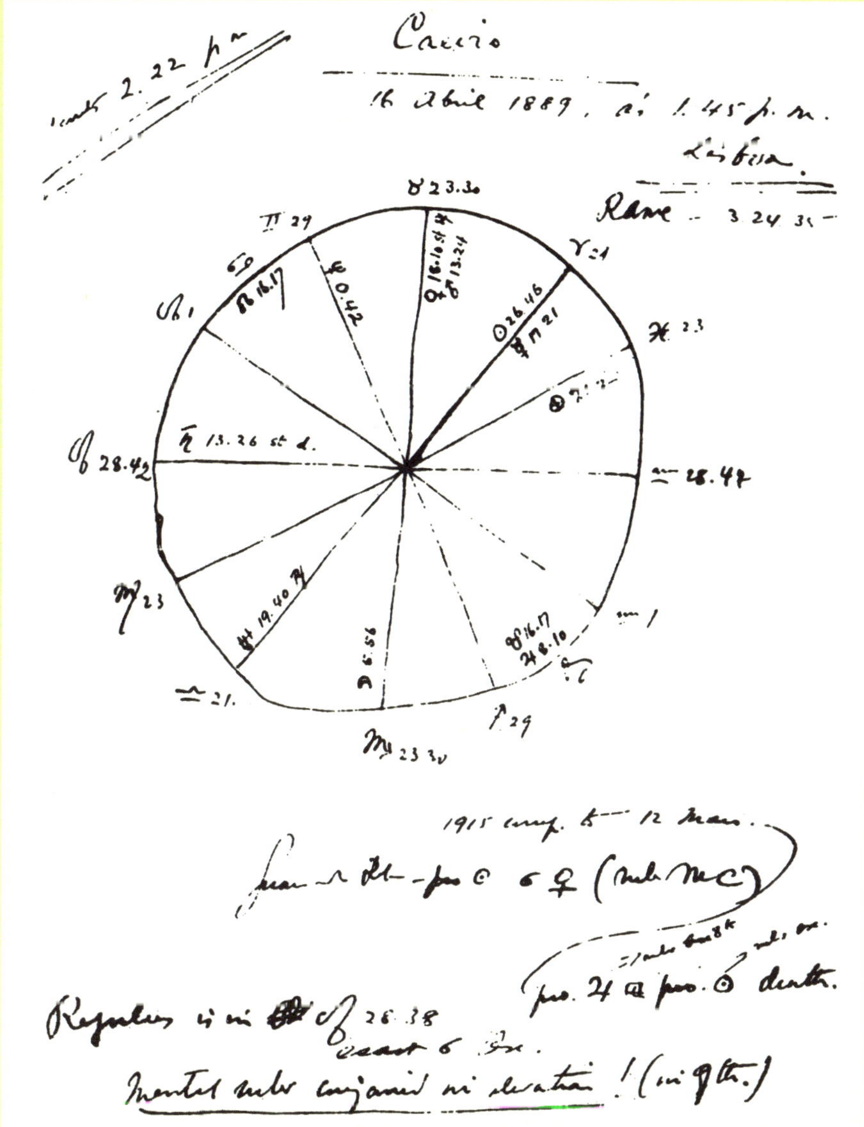

Mapa astral de Alberto Caeiro, elaborado por Fernando Pessoa

* A maior parte das notas de rodapé, na seção "Poemas de Ricardo Reis", provém dos esclarecimentos de Fernando Pessoa.

Poemas de Ricardo Reis

[Vem sentar-te comigo]

Vem sentar-te comigo, Lídia, à beira do rio.
Sossegadamente fitemos o seu curso e aprendamos
Que a vida passa, e não estamos de mãos enlaçadas.
(Enlacemos as mãos.)

Depois pensemos, crianças adultas, que a vida
Passa e não fica, nada deixa e nunca regressa,
Vai para um mar muito longe, para ao pé do Fado,
Mais longe que os deuses.

Desenlacemos as mãos, porque não vale a pena cansarmo-nos.
Quer gozemos, quer não gozemos, passamos como o rio.
Mais vale saber passar silenciosamente
E sem desassossegos grandes.

Sem amores, nem ódios, nem paixões que levantem a voz,
Nem invejas que dão movimento demais aos olhos,
Nem cuidados, porque se os tivesse o rio sempre correria,
E sempre iria ter ao mar.

Amemo-nos tranquilamente, pensando que podíamos,
Se quiséssemos, trocar beijos e abraços e carícias,
Mas que mais vale estarmos sentados ao pé um do outro
Ouvindo correr o rio e vendo-o.

Colhamos flores, pega tu nelas e deixa-as
No colo, e que o seu perfume suavize o momento –
Este momento em que sossegadamente não cremos em nada,
Pagãos inocentes da decadência.

Ao menos, se for sombra antes, lembrar-te-ás de mim depois
Sem que a minha lembrança te arda ou te fira ou te mova,

Fado – destino.
Se for sombra antes – "for" está empregado na primeira pessoa; o sentido é "se eu morrer antes".

Porque nunca enlaçamos as mãos, nem nos beijamos
Nem fomos mais do que crianças.

E se antes do que eu levares o óbolo ao barqueiro sombrio,
Eu nada terei que sofrer ao lembrar-me de ti.
Ser-me-ás suave à memória lembrando-te assim – à beira-rio,
Pagã triste e com flores no regaço.

[A palidez do dia]

A palidez do dia é levemente dourada.
O sol do inverno faz luzir como orvalho as curvas
Dos troncos de ramos secos.
O frio leve treme.

Desterrado da pátria antiquíssima da minha
Crença, consolado só por pensar nos deuses,
Aqueço-me trêmulo
A outro sol do que este,

O sol que havia sobre o Parténon e a Acrópole,
O que alumiava os passos lentos e graves
De Aristóteles falando.
Mas Epicuro melhor

Se antes do que eu levares o óbolo... – o "barqueiro sombrio" é Caronte, responsável pelo rio Aqueronte, que os mortos devem atravessar, para obter descanso definitivo na outra margem; "óbolo" é a moeda que os mortos levam em pagamento ao barqueiro. O sentido desse verso é: Se tu morreres antes de mim.

Parténon – ou Partenon, templo dedicado a Palas-Atena, deusa protetora da sabedoria e das artes, na Grécia antiga.

Acrópole – local mais alto das antigas cidades gregas.

Aristóteles – filósofo grego (384-322 a.C.), fundador de uma longa tradição em lógica, ética e política.

Epicuro – filósofo grego (341-270 a.C.), adepto da ponderação e do equilíbrio como caminhos para a conquista da felicidade.

Me fala, com a sua cariciosa voz terrestre,
Tendo para os deuses uma atitude também de deus,
Sereno e vendo a vida
À distância a que está.

[Não tenhas nada nas mãos]

Não tenhas nada nas mãos
Nem uma memória na alma,

Que quando te puserem
Nas mãos o óbolo último,

Ao abrirem-te as mãos
Nada te cairá.

Que trono te querem dar
Que Átropos to não tire?

Que louros que não fanem
Nos arbítrios de Minos?

Que horas que te não tornem
Da estatura da sombra

Que serás quando fores
Na noite e ao fim da estrada?

Átropos – uma das três Parcas da mitologia grega, que decidia sobre quem poderia viver.
Fanem – do verbo fanar: perder o frescor, murchar.
Arbítrio – decisão livre; vontade própria e independente.
Minos – mitologia: rei de Creta, filho de Europa e Zeus.

Colhe as flores mas larga-as,
Das mãos mal as olhaste.

Senta-te ao sol. Abdica
E sê rei de ti próprio.

[Sábio é o que se contenta]

Sábio é o que se contenta com o espetáculo do mundo,
E ao beber nem recorda
Que já bebeu na vida,
Para quem tudo é novo
E imarcescível sempre.

Coroem-no pâmpanos, ou heras, ou rosas volúteis,
Ele sabe que a vida
Passa por ele e tanto
Corta à flor como a ele
De Átropos a tesoura.

Mas ele sabe fazer que a cor do vinho esconda isto,
Que o seu sabor orgíaco
Apague o gosto às horas,
Como a uma voz chorando
O passar das bacantes.

E ele espera, contente quase e bebedor tranquilo,
E apenas desejando

Imarcescível – que não perde o viço, inalterável, incorruptível.

Pâmpanos – ramos novos da videira, de onde se extrai a uva.

Heras – designação comum a várias espécies de trepadeiras ornamentais.

Volúteis – inconstantes, voláteis, passageiras.

Orgíaco – relativo às orgias, festivais dedicados ao prazer, em honra de Dioniso, entre os gregos, ou de Baco, entre os romanos.

Bacantes – mitologia: sacerdotisas do culto a Baco, deus do vinho e dos prazeres.

Num desejo mal tido
Que a abominável onda
O não molhe tão cedo.

[As rosas amo]

As rosas amo dos jardins de Adônis,
Essas volucres amo, Lídia, rosas,
        Que em o dia em que nascem,
        Em esse dia morrem.
A luz para elas é eterna, porque
Nascem nascido já o sol, e acabam
        Antes que Apolo deixe
        O seu curso visível.
Assim façamos nossa vida *um dia*,
Inscientes, Lídia, voluntariamente
        Que há noite antes e após
        O pouco que duramos.

[Só esta liberdade]

Só esta liberdade nos concedem
Os deuses: submetermo-nos
Ao seu domínio por vontade nossa.
Mais vale assim fazermos
Porque só na ilusão da liberdade
A liberdade existe.

Que a abominável onda o não molhe tão cedo – abominável onda = a morte; ser molhado pela onda = morrer.

Adônis – mitologia: jovem de rara beleza, por quem Vênus se apaixonou.

Volucres – ou vólucres: que vivem pouco, têm vida efêmera.

Apolo – mitologia: deus do Sol.

Inscientes – que não têm conhecimento, inconscientes.

Nem outro jeito os deuses, sobre quem
O eterno fado pesa,
Usam para seu calmo e possuído
Convencimento antigo
De que é divina e livre a sua vida.

Nós, imitando os deuses,
Tão pouco livres como eles no Olimpo,
Como quem pela areia
Ergue castelos para encher os olhos,
Ergamos nossa vida
E os deuses saberão agradecer-nos
O sermos tão como eles.

[Tirem-me os deuses]

Tirem-me os deuses
Em seu arbítrio
Superior e urdido às escondidas
Amor, glória e riqueza.

Tirem, mas deixem-me,
Deixem-me apenas
A consciência lúcida e solene
Das coisas e dos seres.

Pouco me importa
Amor ou glória,
A riqueza é um metal, a glória é um eco
E o amor uma sombra.

Olimpo – mitologia: lugar onde habitam os deuses.
Urdido – entrelaçado, tramado, fantasiado.

Mas a concisa
Atenção dada
Às formas e às maneiras dos objetos
Tem abrigo seguro.

Seus fundamentos
São todo o mundo,
Seu amor é o plácido Universo,
Sua riqueza a vida.

A sua glória
É a suprema
Certeza da solene e clara posse
Das formas dos objetos.

O resto passa
E teme a morte.
Só nada teme ou sofre a visão clara
E inútil do Universo.

Essa a si basta,
Nada deseja
Salvo o orgulho de ver sempre claro
Até deixar de ver.

[Ouvi contar]

Ouvi contar que outrora, quando a Pérsia
Tinha não sei qual guerra,
Quando a invasão ardia na Cidade
E as mulheres gritavam,
Dois jogadores de xadrez jogavam
O seu jogo contínuo.

À sombra de ampla árvore fitavam
O tabuleiro antigo,
E, ao lado de cada um, esperando os seus
Momentos mais folgados,
Quando havia movido a pedra, e agora
Esperava o adversário,
Um púcaro com vinho refrescava
Sobriamente a sua sede.

Ardiam casas, saqueadas eram
As arcas e as paredes.
Violadas, as mulheres eram postas
Contra os muros caídos,
Traspassadas de lanças, as crianças
Eram sangue nas ruas...
Mas onde estavam, perto da cidade,
E longe do seu ruído,
Os jogadores de xadrez jogavam
O jogo do xadrez.

Inda que nas mensagens do ermo vento
Lhes viessem os gritos,
E, ao refletir, soubessem desde a alma
Que por certo as mulheres
E as tenras filhas violadas eram
Nessa distância próxima,
Inda que, no momento que o pensavam,
Uma sombra ligeira
Lhes passasse na fronte alheada e vaga,
Breve seus olhos calmos
Volviam sua atenta confiança
Ao tabuleiro velho.

Púcaro – pequeno recipiente, caneca.

Quando o rei de marfim está em perigo,
Que importa a carne e o osso
Das irmãs e das mães e das crianças?
Quando a torre não cobre
A retirada da rainha branca,
O saque pouco importa.
E quando a mão confiada leva o xeque
Ao rei do adversário,
Pouco pesa na alma que lá longe
Estejam morrendo filhos.

Mesmo que, de repente, sobre o muro
Surja a sanhuda face
Dum guerreiro invasor, e breve deva
Em sangue ali cair
O jogador solene de xadrez,
O momento antes desse
(É ainda dado ao cálculo dum lance
Pra o efeito horas depois.)
É ainda entregue ao jogo predileto
Dos grandes indif'rentes.

Caiam as cidades, sofram povos, cesse
A liberdade e a vida,
Os haveres tranquilos e avitos
Ardam e que se arranquem,
Mas quando a guerra os jogos interrompa,
Esteja o rei sem xeque,
E o de marfim peão mais avançado
Pronto a comprar a torre.

Meus irmãos, em amarmos Epicuro
E o entendermos mais

Sanhuda – que provoca medo.
Avitos – que vêm dos avós ou dos antepassados.

De acordo com nós próprios que com ele,
Aprendamos na história
Dos calmos jogadores de xadrez
Como passar a vida.

Tudo o que é sério pouco nos importe,
O grave pouco pese,
O natural impulso dos instintos
Que ceda ao inútil gozo
(Sob a sombra tranquila do arvoredo)
De jogar um bom jogo.

O que levamos desta vida inútil
Tanto vale se é
A glória, a fama, o amor, a ciência, a vida,
Como se fosse apenas
A memória de um jogo bem jogado
E uma partida ganha
A um jogador melhor.

A glória pesa como um fardo rico,
A fama como a febre,
O amor cansa, porque é a sério e busca,
A ciência nunca encontra,
E a vida passa e dói porque o conhece...
O jogo do xadrez
Prende a alma toda, mas, perdido, pouco
Pesa, pois não é nada.

Ah, sob as sombras que sem qu'rer nos amam,
Com um púcaro de vinho
Ao lado, e atentos só à inútil faina
Do jogo do xadrez,
Mesmo que o jogo seja apenas sonho

Faina – trabalho árduo, trabalho diário.

E não haja parceiro,
Imitemos os persas desta história,
E, enquanto lá fora,
Ou perto ou longe, a guerra e a pátria e a vida
Chamam por nós, deixemos
Que em vão nos chamem, cada um de nós
Sob as sombras amigas
Sonhando, ele os parceiros, e o xadrez
A sua indiferença.

[Prefiro rosas]

Prefiro rosas, meu amor, à pátria,
E antes magnólias amo
Que a glória e a virtude.

Logo que a vida me não canse, deixo
Que a vida por mim passe
Logo que eu fique o mesmo.

Que importa àquele a quem já nada importa
Que um perca e outro vença,
Se a aurora raia sempre,

Se cada ano com a primavera
As folhas aparecem
E com o outono cessam?

E o resto, as outras coisas que os humanos
Acrescentam à vida,
Que me aumentam na alma?

Nada, salvo o desejo de indif'rença
E a confiança mole
Na hora fugitiva.

[Segue o teu destino]

Segue o teu destino,
Rega as tuas plantas,
Ama as tuas rosas.
O resto é a sombra
De árvores alheias.

A realidade
Sempre é mais ou menos
Do que nós queremos.
Só nós somos sempre
Iguais a nós-próprios.

Suave é viver só.
Grande e nobre é sempre
Viver simplesmente.
Deixa a dor nas aras
Como ex-voto aos deuses.

Vê de longe a vida,
Nunca a interrogues.
Ela nada pode
Dizer-te. A resposta
Está além dos deuses.

Mas serenamente
Imita o Olimpo
No teu coração.
Os deuses são deuses
Porque não se pensam.

Aras – mesa de pedra onde se realizavam os sacrifícios nos rituais pagãos.
Ex-voto – pintura ou objeto oferecido como pagamento de promessa.

[A flor que és]

A flor que és, não a que dás, eu quero.
Por que me negas o que te não peço?
Tempo há para negares
Depois de teres dado.
Flor, sê-me flor! Se te colher avara
A mão da infausta esfinge, tu perene
Sombra errarás absurda,
Buscando o que não deste.

[Tão cedo passa]

Tão cedo passa tudo quanto passa!
Morre tão jovem ante os deuses quanto
Morre! Tudo é tão pouco!
Nada se sabe, tudo se imagina.
Circunda-te de rosas, ama, bebe
E cala. O mais é nada.

[Já sobre a fronte vã]

Já sobre a fronte vã se me acinzenta
O cabelo do jovem que perdi.
Meus olhos brilham menos.
Já não tem jus a beijos minha boca.
Se me ainda amas, por amor não ames:
Traíras-me comigo.

Infausta esfinge – infausta: sinistra, mal-agourada; esfinge (mitologia): monstro alado, com cabeça de mulher e corpo de leão, que devora quem não soluciona os seus enigmas. Logo, "Se te colher avara..." significa morrer.

[Solene passa]

Solene passa sobre a fértil terra
A branca, inútil nuvem fugidia,
Que um negro instante de entre os campos ergue
Um sopro arrefecido.
Tal me alta na alma a lenta ideia voa
E me enegrece a mente, mas já torno,
Como a si mesmo o mesmo campo, ao dia
Da imperfeita vida.

[Tudo que cessa é morte]

Tudo que cessa é morte, e a morte é nossa
Se é para nós que cessa. Aquele arbusto
Fenece, e vai com ele
Parte da minha vida.
Em tudo quanto olhei fiquei em parte.
Com tudo quanto vi, se passa, passo,
Nem distingue a memória
Do que vi do que fui.

Arrefecido – desanimado, enfraquecido.

Fenece – do verbo fenecer: tornar-se extinto, acabar, morrer.

[Se recordo quem fui]

Se recordo quem fui, outrem me vejo,
E o passado é o presente na lembrança.
Quem fui é alguém que amo
Porém somente em sonho.
E a saudade que me aflige a mente
Não é de mim nem do passado visto,
Senão de quem habito
Por trás dos olhos cegos.
Nada, senão o instante, me conhece.
Minha mesma lembrança é nada, e sinto
Que quem sou e quem fui
São sonhos diferentes.

[Não só quem nos odeia]

Não só quem nos odeia ou nos inveja
Nos limita e oprime; quem nos ama
Não menos nos limita.
Que os deuses me concedam que, despido
De afetos, tenha a fria liberdade
Dos píncaros sem nada.
Quem quer pouco, tem tudo; quem quer nada
É livre; quem não tem, e não deseja,
Homem, é igual aos deuses.

Píncaros – a parte mais elevada de um monte.

[Não sei se é amor]

Não sei se é amor que tens, ou amor que finges,
O que me dás. Dás-mo. Tanto me basta.
    Já que o não sou por tempo,
    Seja eu jovem por erro.
Pouco os deuses nos dão, e o pouco é falso.
Porém, se o dão, falso que seja, a dádiva
    É verdadeira. Aceito.
    Cerro olhos: é bastante.
            Que mais quero?

[Sim, sei bem]

    Sim, sei bem
Que nunca serei alguém.
    Sei de sobra
Que nunca terei uma obra.
    Sei, enfim,
Que nunca saberei de mim.
    Sim, mas agora,
Enquanto dura esta hora,
    Este luar, estes ramos,
Esta paz em que estamos,
    Deixem-me crer
O que nunca poderei ser.

[Ninguém a outro ama]

Ninguém a outro ama, senão que ama
O que de si há nele, ou é suposto.
Nada te pese que não te amem. Sentem-te
        Quem és, e és estrangeiro.
Cura de ser quem és, amam-te ou nunca.
Firme contigo, sofrerás avaro
        De penas.

[Para ser grande]

Para ser grande, sê inteiro: nada
        Teu exagera ou exclui.
Sê todo em cada coisa. Põe quanto és
        No mínimo que fazes.
Assim em cada lago a lua toda
        Brilha, porque alta vive.

[Ponho na altiva mente]

Ponho na altiva mente o fixo esforço
        Da altura, e à sorte deixo,
        E às suas leis, o verso;
Que, quando é alto e régio o pensamento,
        Súdita a frase o busca
        E o 'scravo ritmo o serve.

Cura – do verbo curar, no sentido de "ocupar-se de alguma coisa". A expressão "cura de ser" está na forma imperativa e significa "ocupa-te em ser" ou "trata de ser".

'Scravo – o mesmo que "escravo", com a eliminação do "e" inicial, como em 'stá, 'spaço etc.

Pagãos inocentes da decadência

– Quando eu li as odes do Ricardo Reis, o que mais me chamou a atenção foi essa mania que ele tem de dizer que não deseja nada, não tem nenhuma vontade, só quer saber de ficar ali, parado, olhando, "sereno e vendo a vida à distância", como ele diz. Será que ele chegou a essa conclusão porque, para ele, "a realidade é sempre mais ou menos do que nós queremos"? Quer dizer, já que o homem nunca vai conseguir o que quer, então o melhor é não querer nada... O senhor acha isso também?

– Se tua pergunta disser respeito a todos os homens, posso achar que sim, como posso achar que não. Cada qual saberá o que é melhor para si, se é querer tudo ou não querer nada. Por que generalizar? Mas caso se refira só ao doutor Reis, acho perfeitamente o mesmo que achaste. Para ele, não há dúvidas: "quem quer pouco tem tudo; quem quer nada é livre; quem não tem, e não deseja, homem, é igual aos deuses". É uma atitude e uma filosofia de vida, radicais, que ele praticou sem hesitações.

– Filosofia de vida? Será que não é negação da vida? Derrotismo, desistir sem nem ao menos tentar? Vê só o poema da Lídia, por exemplo, que aliás é muito bonito, apesar de triste pra caramba. Onde já se viu ele dizer, pra Lídia, que eles não devem "trocar beijos e abraços e carícias", porque assim, quando um dos dois morrer, o outro não vai sentir falta, não vai sentir saudade? Isso não é negação da vida?

Odes – na Grécia antiga, poema lírico destinado ao canto.

– Assim parece... Por que não tentar, não é mesmo? Afinal, beijos e abraços e carícias, além de perfeitamente naturais, entre os amantes, sempre trarão algum prazer...

– *Lógico!*

– Mas como convencer o doutor Reis de que isso talvez fosse melhor? A atitude e a filosofia por ele adotadas têm o firme propósito de eliminar a dor e o sofrimento, ou a falta e a saudade, como dizes. Procedendo ele como o faz, essa eliminação será certa e segura como a luz do sol. Repara que o seu propósito não é obter prazer, porque este, além de incerto, será sempre, potencialmente, causador de sofrimentos e dores ainda maiores que o mesmo prazer. Percebes?

– *Acho que sim. Para o Ricardo Reis, os sentimentos, as emoções, as sensações, os instintos, nada disso conta. Para ele, só o que vale é a razão, base da filosofia dele. Estou achando que ele tem uma força de vontade fora do normal, não tem?*

– Se me explicares o que é "normal", eu poderei dizê-lo... Mas não te preocupes com isso. Estou a acompanhar o teu pensamento e concordo com ele. Tu te referes ao princípio da disciplina e do autogoverno, que Reis aprendeu com os filósofos estoicos, e à ideia da felicidade enquanto equilíbrio interior, a paz e a harmonia que só a consciência, e não os sentidos, nos pode conceder, como lhe ensinou o filósofo Epicuro. Mas, dize-me lá, o que mais viste nas odes do Reis?

– *Bom, eu vi, quer dizer, depois que o senhor deu as explicações, eu vi que ele fala muito da morte, está o tempo todo pensando na morte, só que quase sempre em linguagem figurada, comparação, metáfora – é assim que se chama, né? Por exemplo, quando ele diz pra Lídia "se antes do que eu levares o óbolo ao barqueiro sombrio", achei legal o mito do barqueiro Caronte, no rio que separa a vida da morte, ganhando o "óbolo", a moedinha... Nesse caso, o Ricardo Reis está só dizendo: "se você morrer antes de mim"... Ele diz também "a abominável onda", e agora eu sei: é a morte. "Se te colher avara a mão da infausta esfinge" quer dizer "se você morrer", a mesma coisa que "quando te puserem nas mãos o óbolo último", e por aí vai... O que eu vi é que tudo quanto ele diz tem a ver, de um jeito ou de outro, com a morte. Ele sabe que vai morrer, tanto faz se for agora mesmo, daqui a pouco ou daqui a muitos anos; e ele não esquece isso nem um segundo. Não é que ele tenha vontade de morrer, ele até não gosta nem um pouco da ideia, mas aceita e se conforma: ele não luta contra aquilo que está acima das forças dele, nem se desespera. O que ele faz é viver cada momento na maior paz interior, livre dos desejos e das fantasias. Mesmo que ele conseguisse realizar, ia virar tudo pó, né? Acho o Ricardo Reis muito triste, mas ele é realista.*

Estoicos – filósofos seguidores do estoicismo, escola fundada por Zenão (335-264 a.C.), que pregava a moderação, a austeridade e a abstinência.

– Profundamente triste, é verdade...

– Mas, vem cá. Por que em vez de escrever desse jeito difícil ele não diz simplesmente "se eu morrer", "se você morrer", "quando a morte chegar"? Ou, então, por que no lugar de "as rosas amo dos jardins de Adônis, essas volucres amo, Lídia, rosas" ele não diz "amo as rosas dos jardins de Adônis; amo, Lídia, essas rosas passageiras"; ou, em vez de "tal me alta na alma a lenta ideia voa", por que ele não diz como todo mundo diria "assim a alta e lenta ideia me voa na alma"?

– Pois já o respondeste, e bem: porque seria "todo mundo", seria qualquer um de nós, mortais comuns, a repetir banalidades, universais mas sempre banalidades, e não o poeta horaciano que ele é, com sua formação clássica, a expressar a verdade superior do seu exílio de "pagão inocente da decadência", esforçando-se por adaptar-se a este nosso mundo decaído. Já não seria mais o doutor Reis a dizê-lo.

– Acho que entendi, mas não tenho certeza. Dá para o senhor explicar melhor?

– Melhor? Não sei se serei capaz. Posso explicá-lo de outro modo. Em poesia, a maneira de dizer vale tanto quanto o que se diz, ou mais um pouco. O estilo peculiar do Reis, que para tanta gente não é fácil de compreender, vem já carregado de sentido, que é equivalente ao sentido complexo e sinuoso, um pouco retorcido, é verdade, da sua filosofia de vida: o destino implacável, as limitações humanas, a subserviência aos deuses, a condenação ao infortúnio, a abdicação dos prazeres, o exílio irremediável, a altivez da consciência livre, autogovernada... Dize-me lá: isso é fácil de compreender? Evidentemente, não. Pois bem, o estilo já no-lo mostra, e ajuda-nos a começar a compreendê-lo. Não fosse o estilo e tudo isso, se calhar, passaria despercebido. E já não teríamos mais o que compreender.

– É... Acho que o senhor está certo... O estilo é muito importante. Mas que é difícil, é! Em compensação, tem muita coisa que a gente entende, sem precisar fazer ginástica. Aquela ode, por exemplo, que começa "Tirem-me os deuses em seu arbítrio superior e urdido às escondidas o amor, glória e riqueza", eu acho que ela mostra bem a filosofia dele, inteirinha, e todo mundo entende. É muito da hora o trecho que resume tudo, assim: "a riqueza é um metal, a glória é um eco, o amor é uma sombra"... Se tudo quanto um sujeito pode querer na vida é riqueza, glória ou amor; e se riqueza, glória ou amor é só isso mesmo – um metal, um eco, uma sombra –, então pra que tanto esforço, tanta luta, tanto sofrimento atrás do que não tem valor? Agora eu entendo o Ricardo Reis. É lógico que eu não sou nem quero ser que nem ele, não sou nem capaz de imaginar a minha vida desse jeito. Mas eu respeito a filosofia dele, faz sentido. Ele é coerente. E acho que deve existir muita gente que pensa e vive mais ou menos como ele.

Horaciano – relativo a Horácio, poeta latino (nascido em Apúlia, em 65 a.C.), também adepto de Epicuro, como Ricardo Reis.

Quadro de Costa Pinheiro

– Haverá, decerto haverá... E repara que o Reis, apesar do seu ar sentencioso, constantemente a nos dar conselhos, deuses cá, destino acolá, faze isso, não faças aquilo, em momento algum tenta impingir-nos a sua filosofia, como se se tratasse da verdade absoluta, que só ele descobriu, e que estejamos obrigados a adotar. Isto que chamas "negação da vida", e não vejo mal em chamá-lo assim, é lá com ele, e só a ele interessa. Ele não faz questão de que nos ponhamos todos a negar a mesma vida – a dele, a nossa ou a de qualquer um.

– Beleza! Depois que o senhor explica, fica bem mais claro... Falar nisso, eu tenho mais uma pergunta. Pode ser?

– Sim, sim... Venha lá outra pergunta.

– Eu entendo a mania do Ricardo Reis com a mitologia, os deuses, a filosofia antiga do epicurismo e do estoicismo, o próprio estilo das odes, que parece meio latim... Tudo isso o senhor já explicou. Agora, ele também diz, conversando com a Lídia, que ele e ela são "pagãos inocentes da decadência"... Esse lance de paganismo acho que eu não entendo, não. O senhor podia comentar?

– Compreende-se que não esteja claro para ti. É uma questão deveras complexa, e demandará uma longa explanação. Estás disposto a deixar de lado o terreno confortável dos versos do Reis e adentrar uma seara paralela, o seu tanto árida, a do ensaísmo filosófico?

– Manda bala!

– Bala?!... Bem, deixa estar, já imagino o que seja... O Ricardo Reis, além de ser o autor das odes horacianas que conheces, é também um pensador e um ensaísta, líder do movimento espiritual a que ele chamou neopaganismo.

– Neopaganismo? Neo? Novo? Ah, tá...

– O movimento conta com a adesão de outros dois ensaístas, o Antônio Mora e o Frederico Reis, e tem na figura e nos poemas magistrais de Alberto Caeiro o seu modelo.

Impingir – obrigar, impor, empurrar.

Seara – campo de atividade.

Ensaísmo – gênero literário dedicado ao desenvolvimento de ideias gerais.

– *O Frederico e o Mora também são heterônimos?*

– Semi-heterônimos... E todos concebem o neopaganismo como crítica à civilização moderna, entendendo eles por "moderna" a civilização que passa a prevalecer após a derrocada do império romano, isto é, a partir do início da era cristã. Como vês, o tempo e a consciência histórica, para o doutor Reis, são muito relativos e muito elásticos...

– *Então eles são contra o cristianismo?*

– Não, em absoluto. Quando leres os ensaios do Reis, ou os do Mora, verás que eles condenam o "cristismo" e não o cristianismo. É o que isto quer dizer?

– *Boa pergunta! Não é a mesma coisa?*

– Não, está visto que não. Para o doutor Ricardo Reis, cristianismo é uma religião, que se espalhou pelo mundo; já cristismo é o nome que ele dá à civilização que daí proveio, a toda uma visão de mundo, a todas as formas de comportamento e a todas as maneiras de compreender a nossa vida moderna, que não passa, segundo ele (repara bem nisto), de cristianismo desvirtuado. A nossa ciência, a nossa arte, a nossa indústria, a nossa alma; o nosso consumismo desenfreado, a animalização dos sentimentos, a ganância, a intolerância e o egoísmo; tudo, enfim, que somos ou temos sido nos últimos vinte séculos é cristista, é cristismo, tenha ou não (no geral, não tem) relações diretas com a verdadeira religião de Cristo.

– *O senhor fica chateado se eu disser que não entendi?*

– De forma alguma! Mas logo o entenderás, estou certo. Basta indagar: o que há de comum entre a religião cristã e a civilização cristista? Muito fácil: o subjetivismo, o sentimentalismo e o introspectivismo.

– *O quê?!*

– Calma lá! É só me acompanhares. Para um pagão, o que são os deuses? Realidades objetivas, fora do homem, realidades que todos sabiam ou acreditavam saber o que eram. De outro lado, que é Deus, para o cristão? Realidade subjetiva, que cada qual introjeta ou mete para dentro de si, e deixa-a lá, bem guardada. Vale dizer um sentimento interior, que ninguém sabe dizer se tem ou não qualquer afinidade com o do seu vizinho, embora todos digam professar a mesma fé e amar o mesmo Deus. Foi isto o que há pouco chamei subjetivismo, sentimentalismo e introspectivismo.

– *Sei...*

– Pois bem. Imagina então que o cristianismo, nascido no bojo do paganismo, não foi apenas mais um dentre as centenas de credos que havia, mas tornou-se a

Professar – ser adepto ou seguidor de alguma crença ou convicção.

religião mais forte e mais poderosa de quantas a humanidade conheceu, por isso que expandiu-se e veio a ser hegemônica. Imagina em seguida que esses atributos do introspectivismo, do sentimentalismo e do subjetivismo foram aos poucos migrando das coisas da fé para as coisas da vida cotidiana. Afinal, são já mais de vinte séculos disso. Não é fácil imaginá-lo, mas com algum esforço chega-se lá. Estás a me acompanhar?

– *Sei não... Acho que estou entrando em parafuso. Mas, tudo bem... Vamos em frente.*

– Então, hoje, no século XX... Bem, já estamos, ou tu estás, no XXI, mas nada mudou. Hoje, toda a realidade que nos cerca (e não só o conceito espiritual de Deus) não é mais que um sentimento subjetivo, que cada qual experimenta dentro de si e não divide com ninguém, pois essa espécie de sentimento pode não ter mais parentesco algum com o do restante da humanidade: cada qual nutre o seu. Estou a falar daquilo que importa, que são as verdades e os valores. Para o doutor Reis, o paganismo não é propriamente uma religião, é uma visão intelectual da verdade.

– *Epa! Não entendi. Dá pra explicar?*

– Sim, sim... Repara. Uma coisa é o pagão que só o é porque, sendo anterior a Cristo, desconhece o cristianismo; outra, totalmente diferente, é o pagão moderno ou o neopagão, hoje. Este, na plena posse daquele conhecimento, ainda assim considera o paganismo a mais legítima aproximação possível da Verdade objetiva, para além das crenças, individuais ou coletivas. Tal é o pensamento do doutor Reis. E ele não nos pede que o aceitemos nem que o adotemos. O seu neopaganismo é só uma atitude filosófica, não chega a ser propriamente uma doutrina e muito menos uma religião. Compreendes?

– *Sei não, sei não... Mas eu interrompi. O senhor estava falando das verdades e dos valores...*

– Pois, pois... O que eu estava era a ponto de perguntar: quais são, no mundo que nos cerca, os valores e as verdades, nas ciências, nas artes, na moral, na política, nos esportes, no amor, onde quer que seja? E não me refiro, repara bem, às verdades e valores em que as pessoas dizem acreditar, mas àquilo que elas de fato vivem, na sua vida real. Pois bem, quem quer que empenhe honestamente o seu tempo nessa espécie de investigação talvez se sinta apto a afirmar, depois de muito esforço, a propósito seja lá do que for: "Isto é verdade, para mim". Mas jamais estará em condições de dizer: "Isto é verdade".

– *Acho que isso eu entendo: é cada um por si. Tremenda confusão.*

– Aí o tens... Daí resulta que, na idade moderna, não existe mais um Mundo objetivo, comum à espécie humana. Só o que existe é cada um de nós, isolado em si mesmo, a viver em desagregação e dispersão, ou a viver o misticismo pervertido da entronização do dinheiro e do salve-se quem puder. Só assim explica-se o fervor com que o homem moderno cultua o mito do Bem-Estar Pessoal, no altar do deus Lucro e da deusa Produtividade. Fora daí, o que haverá, como no caso do neopaganismo do Reis, é a nostalgia de uma Verdade universal, a irmanar todas as criaturas – uma Verdade, hoje, inexequível. Se ele estiver certo no que diz, seremos todos, e não só ele e a sua Lídia, "pagãos inocentes da decadência".

– Olha, achei interessante... Valeu! Vem cá, o senhor vai ficar bravo comigo se eu disser que entendi, mas não entendi? Isso tudo é muito profundo, filosófico demais... Meu! Eu não estou acostumado... Mas prometo pensar mais no assunto.

– Ficar bravo contigo? Jamais! Não estás acostumado, e isto é tudo... Nem eu, nem o Ricardo Reis, nem ninguém poderia esperar de ti mais do que esta dádiva preciosa: que achas interessante o assunto e prometes pensar mais a respeito.

– Bom, chega de Ricardo Reis e de filosofia, por hoje... Amanhã a gente enfrenta o ortônimo, falou?

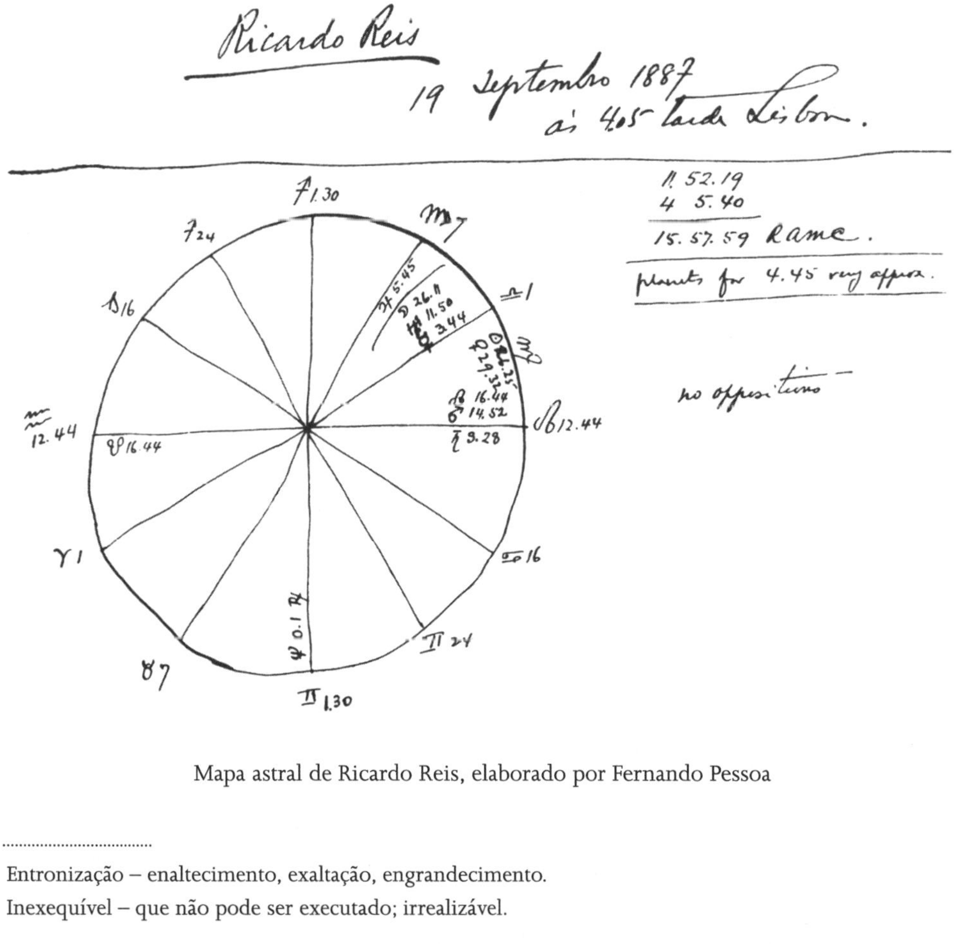

Mapa astral de Ricardo Reis, elaborado por Fernando Pessoa

Entronização – enaltecimento, exaltação, engrandecimento.

Inexequível – que não pode ser executado; irrealizável.

Poemas de Fernando Pessoa Ele-mesmo

[Súbita mão]

Súbita mão de algum fantasma oculto
Entre as dobras da noite e do meu sono
Sacode-me e eu acordo, e no abandono
Da noite não enxergo gesto ou vulto.

Mas um terror antigo, que insepulto
Trago no coração, como de um trono
Desce e se afirma meu senhor e dono
Sem ordem, sem meneio e sem insulto.

E eu sinto a minha vida de repente
Presa por uma corda de Inconsciente
A qualquer mão noturna que me guia.

Sinto que sou ninguém salvo uma sombra
De um vulto que não vejo e que me assombra,
E em nada existo como a treva fria.

Saudade dada

Em horas inda louras, lindas
Clorindas e Belindas, brandas,
Brincam no tempo das berlindas,
As vindas vendo das varandas.
De onde ouvem vir a rir as vindas
Fitam a fio as frias bandas.

Insepulto – que não foi sepultado.
Meneio – oscilação, balanço, trejeito.
Berlindas – pequenas carruagens ou pequenos oratórios, e também brincadeiras de criança.

Mas em torno à tarde se entorna
A atordoar o ar que arde
Que a eterna tarde já não torna!
E em tom de atoarda todo o alarde
Do adornado ardor transtorna
No ar de torpor da tarda tarde.

E há nevoentos desencantos
Dos encantos dos pensamentos
Nos santos lentos dos recantos
Dos bentos cantos dos conventos...
Prantos de intentos, lentos, tantos
Que encantam os atentos ventos.

Natal

Nasce um deus. Outros morrem. A Verdade
Nem veio nem se foi: o Erro mudou.
Temos agora uma outra Eternidade,
E era sempre melhor o que passou.

Cega, a Ciência a inútil gleba lavra.
Louca, a Fé vive o sonho do seu culto.
Um novo deus é só uma palavra.
Não procures nem creias: tudo é oculto.

Entorna – do verbo entornar: derramar.
Atoarda – rumor, boato.
Alarde – ostentação, exibicionismo.
Torpor – entorpecimento, indolência, prostração.
Gleba – terreno próprio para o cultivo.

[Ó sino da minha aldeia]

Ó sino da minha aldeia,
Dolente na tarde calma,
Cada tua badalada
Soa dentro da minha alma.

E é tão lento o teu soar,
Tão como triste da vida,
Que já a primeira pancada
Tem o som de repetida.

Por mais que me tanjas perto
Quando passo, sempre errante,
És para mim como um sonho,
Soas-me na alma distante.

A cada pancada tua,
Vibrante no céu aberto,
Sinto mais longe o passado,
Sinto a saudade mais perto.

[Leve, breve, suave]

Leve, breve, suave,
Um canto de ave
Sobe no ar com que principia
O dia.
Escuto, e passou...
Parece que foi só porque escutei
Que parou.

Dolente – magoado, queixoso.
Tanjas – do verbo tanger: soar; tocar um instrumento musical.

Nunca, nunca, em nada,
Raie a madrugada,
Ou 'splenda o dia, ou doire no declive,
Tive
Prazer a durar
Mais do que o nada, a perda, antes de eu o ir
Gozar.

[Pobre velha música]

Pobre velha música!
Não sei por que agrado
Enche-se de lágrimas
Meu olhar parado.

Recordo outro ouvir-te.
Não sei se te ouvi
Nessa minha infância
Que me lembra em ti.

Com que ânsia tão raiva
Quero aquele outrora!
E eu era feliz? Não sei:
Fui-o outrora agora.

'Splenda – do verbo esplender: resplandecer, brilhar.
Doire – do verbo doirar, dourar.

[Sol nulo]

Sol nulo dos dias vãos,
Cheios de lida e de calma,
Aquece ao menos as mãos
A quem não entras na alma!

Que ao menos a mão, roçando
A mão que por ela passe,
Com externo calor brando
O frio da alma disfarce!

Senhor, já que a dor é nossa
E a fraqueza que ela tem,
Dá-nos ao menos a força
De a não mostrar a ninguém!

[Ela canta, pobre ceifeira]

Ela canta, pobre ceifeira,
Julgando-se feliz talvez;
Canta, e ceifa, e a sua voz, cheia
De alegre e anônima viuvez,

Ondula como um canto de ave
No ar limpo como um limiar,
E há curvas no enredo suave
Do som que ela tem a cantar.

Ouvi-la alegra e entristece,
Na sua voz há o campo e a lida,

Lida – esforço fora do comum, muito trabalho.
Ceifeira – mulher que trabalha na ceifa (poda) de cereais.
Limiar – começo, início.

E canta como se tivesse
Mais razões pra cantar que a vida.

Ah, canta, canta sem razão!
O que em mim sente 'stá pensando.
Derrama no meu coração
A tua incerta voz ondeando!

Ah, poder ser tu, sendo eu!
Ter a tua alegre inconsciência,
E a consciência disso! Ó céu!
Ó campo! Ó canção! A ciência

Pesa tanto e a vida é tão breve!
Entrai por mim dentro! Tornai
Minha alma a vossa sombra leve!
Depois, levando-me, passai!

[Sonho]

Sonho. Não sei quem sou neste momento.
Durmo sentindo-me. Na hora calma
Meu pensamento esquece o pensamento,
        Minha alma não tem alma.

Se existo é um erro eu o saber. Se acordo
Parece que erro. Sinto que não sei.
Nada quero nem tenho nem recordo.
        Não tenho ser nem lei.

Lapso da consciência entre ilusões,
Fantasmas me limitam e me contêm.
Dorme insciente de alheios corações,
        Coração de ninguém.

Lapso – falha, erro, descuido.

Marinha

Ditosos a quem acena
Um lenço de despedida!
São felizes: têm pena...
Eu sofro sem pena a vida.

Doo-me até onde penso,
E a dor é já de pensar,
Órfão de um sonho suspenso
Pela maré a vazar...

E sobe até mim, já farto
De improfícuas agonias,
No cais de onde nunca parto,
A maresia dos dias.

[Nada sou]

Nada sou, nada posso, nada sigo.
Trago, por ilusão, meu ser comigo.
Não compreendo compreender, nem sei
Se hei de ser, sendo nada, o que serei.

Fora disto, que é nada, sob o azul
Do lato céu um vento vão do sul
Acorda-me e estremece no verdor.
Ter razão, ter vitória, ter amor

Ditosos – felizes.
Improfícuas – inúteis, fracassadas.
Lato – extenso, extensivo, não restrito.

Murcharam na haste morta da ilusão.
Sonhar é nada e não saber é vão.
Dorme na sombra, incerto coração.

Qualquer música

Qualquer música, ah, qualquer,
Logo que me tire da alma
Esta incerteza que quer
Qualquer impossível calma!

Qualquer música – guitarra,
Viola, harmônio, realejo...
Um canto que se desgarra...
Um sonho em que nada vejo...

Qualquer coisa que não vida!
Jota, fado, a confusão
Da última dança vivida...
Que eu não sinta o coração!

[Natal]

Natal... Na província neva.
Nos lares aconchegados,
Um sentimento conserva
Os sentimentos passados.

Harmônio – instrumento musical de teclados e foles acionados por pedais.
Jota – dança popular espanhola, muito antiga.
Fado – canção popular portuguesa.

Coração oposto ao mundo,
Como a família é verdade!
Meu pensamento é profundo,
'Stou só e sonho saudade.

E como é branca de graça
A paisagem que não sei,
Vista de trás da vidraça
Do lar que nunca terei!

[Por trás daquela janela]

Por trás daquela janela
Cuja cortina não muda
Coloco a visão daquela
Que a alma em si mesma estuda
No desejo que a revela.

Não tenho falta de amor.
Quem me queira não me falta.
Mas teria outro sabor
Se isso fosse interior
Àquela janela alta.

Por quê? Se eu soubesse, tinha
Tudo o que desejo ter.
Amei outrora a Rainha,
E há sempre na alma minha
Um trono por preencher.

Sempre que posso sonhar,
Sempre que não vejo, ponho
O trono nesse lugar;
Além da cortina é o lar,
Além da janela o sonho.

Assim, passando, entreteço
O artifício do caminho
E um pouco de mim me esqueço.
Pois mais nada à vida peço
Do que ser o seu vizinho.

[Gato que brincas na rua]

Gato que brincas na rua
Como se fosse na cama,
Invejo a sorte que é tua
Porque nem sorte se chama.

Bom servo das leis fatais
Que regem pedras e gentes,
Que tens instintos gerais
E sentes só o que sentes,

És feliz porque és assim,
Todo o nada que és é teu.
Eu vejo-me e estou sem mim,
Conheço-me e não sou eu.

Autopsicografia

O poeta é um fingidor.
Finge tão completamente
Que chega a fingir que é dor
A dor que deveras sente.

Autopsicografia – "psicografia", segundo o espiritismo, é o ato de escrever, ditado por um espírito; "autopsicografia", então, é a psicografia em que o espírito e quem escreve são uma só pessoa. (Ver na entrevista a explicação do poeta "fingidor".)

E os que leem o que escreve,
Na dor lida sentem bem,
Não as duas que ele teve,
Mas só a que eles não têm.

E assim nas calhas de roda
Gira, a entreter a razão,
Esse comboio de corda
Que se chama o coração.

Isto

Dizem que finjo ou minto
Tudo o que escrevo. Não.
Eu simplesmente sinto
Com a imaginação.
Não uso o coração.

Tudo o que sonho ou passo,
O que me falha ou finda,
É como que um terraço
Sobre outra coisa ainda.
Essa coisa é que é linda.

Por isso escrevo em meio
Do que não está ao pé,
Livre do meu enleio,
Sério do que não é.
Sentir? Sinta quem lê!

Comboio de corda – trenzinho de corda.
Enleio – envolvimento; encantamento.

[Tudo que faço]

Tudo que faço ou medito
Fica sempre na metade.
Querendo, quero o infinito.
Fazendo, nada é verdade.

Que nojo de mim me fica
Ao olhar para o que faço!
Minha alma é lúcida e rica,
E eu sou um mar de sargaço –

Um mar onde boiam lentos
Fragmentos de um mar de além...
Vontades ou pensamentos?
Não o sei e sei-o bem.

[Onda que, enrolada, tornas]

Onda que, enrolada, tornas,
Pequena, ao mar que te trouxe
E ao recuar te transtornas
Como se o mar nada fosse,

Por que é que levas contigo
Só a tua cessação,
E, ao voltar ao mar antigo,
Não levas meu coração?
Há tanto tempo que o tenho
Que me pesa de o sentir.
Leva-o no som sem tamanho
Com que te oiço fugir!

Sargaço – designação comum a diversas algas marinhas.

[Montes, e a paz que há neles]

Montes, e a paz que há neles, pois são longe...
Paisagens, isto é, ninguém...
Tenho a alma feita para ser de um monge
Mas não me sinto bem.

Se eu fosse outro, fora outro. Assim
Aceito o que me dão,
Como quem espreita para um jardim
Onde os outros estão.

Quem outros? Não sei. Há no sossego incerto
Uma paz que não há,
E eu fito sem o ler o livro aberto
Que nunca mo dirá...

Eros e Psiquê

...E assim vedes, meu Irmão, que as verdades que vos foram dadas no Grau de Neófito, e aquelas que vos foram dadas no Grau de Adepto Menor, são, ainda que opostas, a mesma verdade.

(Do ritual do Grau de Mestre do Átrio na Ordem Templária de Portugal)

Conta a lenda que dormia
Uma Princesa encantada
A quem só despertaria
Um Infante, que viria
De além do muro da estrada.

Ele tinha que, tentado,
Vencer o mal e o bem,
Antes que, já libertado,
Deixasse o caminho errado
Por o que à Princesa vem.

A Princesa Adormecida,
Se espera, dormindo espera.
Sonha em morte a sua vida,
E orna-lhe a fronte esquecida,
Verde, uma grinalda de hera.

Longe o Infante, esforçado,
Sem saber que intuito tem,
Rompe o caminho fadado.
Ele dela é ignorado.
Ela para ele é ninguém.

Eros e Psiquê – lenda, mitologia grega: a beleza da princesa Psiquê despertou de tal forma a inveja de Afrodite, deusa do amor, que esta ordenou a seu filho, Eros, que a matasse, mas ele se apaixonou por ela. Depois de superarem muitos obstáculos (um não podia saber quem era o outro), eles se uniram para sempre.

Neófito – indivíduo recentemente convertido a uma crença.

Ordem Templária – ordem de cavaleiros andantes, fundada em Jerusalém, no séc. XII. Ganhou fama e poder em toda a Europa e foi extinta pelo papa Clemente V, no início do séc. XIV. D. Dinis, rei de Portugal, desobedecendo ao papa, criou a Ordem de Cristo (1318), onde abrigou os últimos templários.

Mas cada um cumpre o Destino –
Ela dormindo encantada,
Ele buscando-a sem tino
Pelo processo divino
Que faz existir a estrada.
E, se bem que seja obscuro
Tudo pela estrada fora,
E falso, ele vem seguro,
E, vencendo estrada e muro,
Chega onde em sono ela mora.

E, inda tonto do que houvera,
À cabeça, em maresia,
Ergue a mão, e encontra hera,
E vê que ele mesmo era
A Princesa que dormia.

Conselho

Cerca de grandes muros quem te sonhas.
Depois, onde é visível o jardim
Através do portão de grade dada,
Põe quantas flores são as mais risonhas,
Para que te conheçam só assim.
Onde ninguém o vir não ponhas nada.

Faze canteiros como os que outros têm,
Onde os olhares possam entrever
O teu jardim como lho vais mostrar.
Mas onde és teu, e nunca o vê ninguém,
Deixa as flores que vêm do chão crescer
E deixa as ervas naturais medrar.

Medrar – crescer, prosperar.

Faze de ti um duplo ser guardado;
E que ninguém, que veja e fite, possa
Saber mais que um jardim de quem tu és –
Um jardim ostensivo e reservado,
Por trás do qual a flor nativa roça
A erva tão pobre que nem tu a vês...

Liberdade

Ai que prazer
Não cumprir um dever,
Ter um livro para ler
E não o fazer!
Ler é maçada.
Estudar é nada.
O sol doira
Sem literatura.

O rio corre, bem ou mal,
Sem edição original.
E a brisa, essa,
De tão naturalmente matinal,
Como tem tempo não tem pressa...

Livros são papéis pintados com tinta.
Estudar é uma coisa em que está indistinta
A distinção entre nada e coisa nenhuma.

Ostensivo – saliente.

Maçada – situação aborrecida, complicação.

Quanto é melhor, quando há bruma,
Esperar por d. Sebastião,
Quer venha ou não!

Grande é a poesia, a bondade e as danças...
Mas o melhor do mundo são as crianças,
Flores, música, o luar, e o sol, que peca
Só quando, em vez de criar, seca.

O mais do que isto
É Jesus Cristo,
Que não sabia nada de finanças
Nem consta que tivesse biblioteca...

D. Sebastião – rei de Portugal, nascido em 1554 e morto na Batalha de Alcácer-Quibir, em 1578. Personagem principal do livro *Mensagem*. (Ver última parte da antologia.)

Coração oposto ao mundo

– Oi, tudo bem?

– Olá! Como passaste de ontem?

– Beleza!... Olha, deixa eu dizer, estou gostando demais de entrevistar o senhor. Antes eu estava meio preocupado, quer dizer, um poeta sério pra caramba, muito importante, prestígio internacional... Deve ser difícil enfrentar alguém dessa categoria, eu pensei. E eu nunca tinha feito uma entrevista... Mas que nada! O senhor me deixou muito à vontade. E é um cara legal, até bem-humorado – nunca pensei! Eu queria agradecer.

– Ora, muito bem! Não por isso. Eu é que agradeço e retribuo. Tu também me pareces simpático, agrada-me estar a ser entrevistado por ti. E o que temos para hoje?

– Hoje a gente vai conversar sobre ele.

– Ele? Quem?

– O Pessoa Ele-mesmo, lógico! Primeiro a gente conversou sobre o senhor, depois o Caeiro, depois o Ricardo Reis, agora a gente conversa sobre ele, o outro Fernando Pessoa, o ortônimo-heterônimo.

– Não seria o heterônimo-ortônimo?... Mas não importa. Vamos a isso.

– Pra falar a verdade, eu preparei só duas perguntas, a primeira delas, aliás, com a ajuda da Terê, a Terezinha, minha colega, inteligente pra caramba. Ela é que sacou.

– Então ficas desde já incumbido de transmitir à tua amiga Terezinha os meus agradecimentos. E qual é a primeira pergunta?

– O senhor sabe qual é a palavra que o ortônimo usa mais vezes?

– Não faço ideia.

– "Coração". Aparece nada menos que dez vezes, nos poemas que a gente escolheu. Eu achei, quer dizer, a Terê achou, eu fui na cola dela; a gente achou que deve ser uma palavra-chave. Depois que ela falou, eu reparei: o "coração" vem sempre de um jeito assim meio negativo, tipo "incerto coração", "eu não sinto o coração", "eu não uso o coração", "coração oposto ao mundo", "coração de ninguém" e por aí vai. Logo de saída, o Pessoa Ele-mesmo fala do "terror antigo, que insepulto trago no coração"; em outro poema, ele pede pra onda do mar: "por que não levas o meu coração?"... Dá para explicar o que "coração" quer dizer?

– Ora, ora! Antes do mais, diz à tua amiga Terezinha que ela é merecedora de todos os elogios, que vão igualmente para ti, pela acuidade da observação. Com tal pergunta não precisavas mesmo de roteiro. Aí se escondem muitos roteiros.

– A Terê vai adorar...

– Então vamos lá. O ortônimo é uma sensibilidade toda enrolada para dentro de si, ou, como diz o Álvaro de Campos, é "um novelo..."

– Já sei, já sei! Eu li isso. Onde é que está? Ah, achei. Está aqui, ó: "Notas para a recordação do meu mestre Caeiro". Assinado: Álvaro de Campos. Posso ler? Ele diz: "o próprio Fernando Pessoa seria um pagão, se não fosse um novelo embrulhado para o lado de dentro...". Depois ele completa: "O Fernando Pessoa sente as coisas mas não se mexe, nem mesmo por dentro". Não era isso que o senhor ia dizer?

– Algo assim, creio, embora isto sejam lá modos de dizer do senhor engenheiro Álvaro de Campos. Mas, no essencial, está bem. O que o Álvaro de Campos, porém, não diz é que o Pessoa, sendo de fato um novelo embrulhado para o lado de dentro, está no entanto sempre a olhar de soslaio para o lado de fora. Reparaste que quase todos os seus poemas partem da observação de um fiapo qualquer de realidade: o ar da tarde, o vento a soprar, a badalada de um sino...

– ... um canto de ave, uma velha música, a pobre ceifeira, a neve caindo?...

– Isso, isso mesmo. Ora bem, uma vez recolhido, pelos olhos ou pelos ouvidos, esse fiapo de real é logo metido para dentro

Quadro de Costa Pinheiro (detalhe)

Antes do mais – antes de mais nada.

Acuidade – agudeza, sutileza, grande capacidade de percepção.

das suas ruminações, confunde-se com um não acabar de devaneios e presságios e cogitações fantasiadas, e a realidade de fora é posta de lado, é como que esquecida. Mas está sempre a voltar, só que já muito diluída, esgarçada: não é mais real. Nem o real de fora subsiste, nem o real de dentro chega a impor-se: tudo se mistura. Numa palavra: o Fernando Pessoa Ele-mesmo nem bem atém-se à objetividade do mundo de fora, à maneira realista, nem bem esquece-o, para mergulhar de vez na sua subjetividade, como o fariam os românticos. Fica-se no intervalo, como se estivesse metade a viver, metade a sonhar, sem que se saiba onde um termina e o outro começa.

– Ah, entendi. Agora está bem mais claro. Mas e o coração?

– Não tenhas pressa, chega-se lá... Pois bem, isso, que dizes estar agora mais claro para ti, faz do ortônimo um poeta substancialmente lírico: subjetivo, introspectivo, a vasculhar os espaços misteriosos, impalpáveis, da sua vida interior. Mas, diferentemente dos poetas tradicionais, ele o faz de um modo peculiar: para ele, o lado de dentro não é um refúgio onde ele se esconda das ameaças que vêm de fora; o Eu não substitui o Mundo. Além disso, esse seu vasculhar da vida interior não é só uma questão de sentimentos e impressões; é também, e muito, uma questão de pensamento ou de raciocínio. O Pessoa Ele-mesmo tem um verso admirável, do qual me orgulho, e que o resume todo: "O que em mim sente 'stá pensando".

– É o que ele diz, depois de ficar observando um pouco a "pobre ceifeira", que ceifa e canta, não é? Mas e daí?

Ruminações – retomadas periódicas do mesmo assunto.

– E daí que não se trata de sentir para depois pensar; é um entranhado no outro, desde o princípio. Ao primeiro sinal do sentimento, este vem já impregnado de pensamento, e não chega a ser vivido em sua inteireza. É como estar presente e ao mesmo tempo ausente; é ligar-se às coisas da vida real (como ceifar e cantar, por exemplo), mas ligar-se ao mesmo tempo a muitas outras, que lá não estão, e que, se calhar, não estão em parte alguma. Ora, estar presente, ou ligar-se às coisas da vida real, tem que ver, diretamente, com o coração e com os sentimentos. E, no ortônimo, o coração é justamente o que não funciona, ou funciona mal, por estar sempre atrelado à razão.

– Ah, então o que eu e a Terê achamos estava certo: o coração é negativo, é um peso, não deixa o pensamento voar em liberdade.

– Certíssimo, embora a recíproca não seja menos certa: o pensamento, por sua vez, não deixa o coração realizar a plenitude ou a naturalidade dos impulsos sentimentais.

– Tá... Entendi. Por isso então é que ele diz pra ceifeira: "Ah, poder ser tu sendo eu, ter a tua alegre inconsciência e a consciência disso". Quer dizer, não dá, não dá mesmo! Um anula o outro. A ceifeira é feliz porque não pensa, só ceifa e canta. E ele é infeliz porque pensa demais, então não pode sentir – que é o que ele queria, mas sem deixar de pensar. Ele sabe que é diferente das pessoas, mas no fundo ele queria ser igual... As coisas simples da vida... É, é isso aí! Como naquele poema do Natal, o lance do "aconchego do lar"... É tudo que ele queria na vida, né? Só que ele não consegue. Por isso ele diz: "E como é branca de graça a paisagem que eu não sei, vista de trás da vidraça do lar que eu nunca terei". Acho que agora estou entendendo o Pessoa Ele-mesmo. Meu, é complicado pra caramba, mas ao mesmo tempo está muito claro.

– Se assim te parece, assim é.

– É, é isso aí... No primeiro dia da entrevista o senhor falou da solidão irremediável, né? O Fernando Pessoa é um sujeito sozinho, sem ninguém. É por isso que ele é infeliz. Mas ao mesmo tempo ele não se desespera, não arranca os cabelos, essas coisas; ele é calmo, tranquilo, controlado. É isso mesmo?

– Creio que sim. O autocontrole é uma característica marcante do ortônimo, que é um poeta de emoções intensas, porém contidas, a começar pela expressão: versos curtos, quase sempre rimados e metrificados, muito cantantes, regularmente distribuídos por estrofes quase todas de quatro versos, as quadras, musicais por excelência. O conjunto passa a impressão de ordem e harmonia. É o máximo a que ele consegue chegar, diante do tumulto sem remédio da sua vida interior.

Metrificados – diz-se dos versos que têm medida (número de sílabas) regular.

– É, a turma comentou alguma coisa sobre isso, o ortônimo é muito musical... Agora eu estou lembrando. A gente falou que às vezes ele parece que está brincando, ele se diverte com os sons das palavras, como no "Saudade dada", já no título. Todo mundo achou legal. Ajuda a compensar a tristeza...

– Sim, sim. O ortônimo brinca com as palavras, muito a seu modo; a ironia, sobretudo a intelectualizada, das contradições e das ambiguidades, é parte integrante do seu sentimento das coisas.

– Sem falar no último poema que a gente escolheu, o "Liberdade", pra lá de bem-humorado, onde ele diz que "Ler é maçada. Estudar é nada"; depois, ele diz que Jesus Cristo era melhor que tudo, porque "não sabia nada de finanças nem tinha biblioteca". Esse todo mundo aprovou de cara, sem discussão. Falar nisso, teve outro que deu muito bate-boca, "Eros e Psiquê". Eu fui contra. Não é que eu não gosto, mas é muito diferente dos outros. Todo mundo curtiu aquele lance final, a surpresa: ele é ele e ela ao mesmo tempo. Gostei. Mas é meio assim conto de fadas... Não é, não? O que o senhor acha?

– Conto de fadas? É interessante isso, e faz sentido, parece-me bem. "Eros e Psiquê" não deixa de ser uma fantasia. A historieta tem lá dois temas ou símbolos, bem nítidos. Primeiro, o do caminho a ser percorrido e das dificuldades a superar, à procura de algo que não se sabe ao certo o que será. Assim é o homem... Depois, a ambiguidade, a duplicidade: o bem e o mal, o certo e o errado, o masculino e o feminino. O que procuras fora não o encontras, porque esteve o tempo todo dentro de ti...

– É, o senhor tem razão... É muito mais profundo... Desculpe ter chamado de "conto de fadas"...

– Mas não há o que desculpar... Não é por ter várias camadas de significado, ou por ser mais profundo, que deixará de ser, como dizes, um "conto de fadas"... Mas disseste que tinhas duas perguntas. E a segunda?

– Ah, claro. É quando o ortônimo diz que "o poeta é um fingidor". A gente discutiu pra valer, mas ninguém chegou a nenhuma conclusão. Dá para explicar?

– Dá, dá, sem dúvida. Não chega a ser tão simples, como algumas das perguntas que trouxeste aos encontros anteriores, mas explica-se. Fingir é sempre fingir, vale dizer simular, falsear, mentir: o que é deixa de ser, o que não é passa a ser. É este o ofício do poeta. Mas, se reparaste bem nas explicações anteriores, não é para nos iludir ou nos enganar que ele assim o faz. O poeta finge porque ignora as fronteiras entre o verdadeiro e o falso. Afinal, fingir é conhecer-se... Uma coisa é fingires contentamento quando estás triste; tu sabes bem a diferença entre os dois estados, e saberás expressá-los, distinta e separadamente, se assim o desejares. Outra coisa é não saberes se estás triste ou contente. Tudo quanto disseres será fingimento.

– Entendi... Mas não sei se entendi tudo...

– Isto agora já é querer muito... Quem é que entende tudo, seja lá do que for?... Mas não te incomodes, explico-o doutra forma. Como está o teu latim?

– Latim? Não está: a gente não tem latim...

– Ah, não? Pois às vezes faz falta. Como neste caso... Sabes ao menos que a maior parte dos vocábulos da nossa língua provém do latim, não é mesmo? Então, "fingidor", "fingimento" e "fingido" nascem do verbo latino "*fingere*", que para nós deu "fingir". Em todas essas palavras há uma conotação moral, ou seja, "fingir" é algo reprovável, um ato que implica o propósito imoral de enganar as pessoas. Até aqui está claro?

– Claríssimo!

– Pois bem. Acontece que o mesmo verbo "*fingere*" legou ao português outra coleção de palavras, como "fictício", "ficção" ou "ficcionista", que derivam não do infinitivo "*fingere*", mas já agora do particípio passado "*fictum*". E aí não há mais conotação moral: uma "ficção" não é uma coisa inventada para ludibriar as pessoas; é só uma coisa puramente imaginária. Então já vês que o nosso Pessoa Ele-mesmo, irônico e esperto como é, tira proveito desses dois sentidos. O poeta é um fingidor, sim, porque mente e dissimula, é verdade; mas também o é por ser simplesmente um criador de ficções, um ficcionista. Inventa algo imaginário para o colocar no lugar da "verdadeira" realidade das coisas e dos sentimentos, a qual realidade "verdadeira" ele nunca sabe bem o que é, porque esta se dilui e lhe escapa, como já tínhamos visto antes.

– Por isso então ele finge que é dor "a dor que deveras sente"? Não é porque ele é um mentiroso, ou porque quer esconder a dor verdadeira, mas porque ele não sabe direito qual é a dor verdadeira...

– Pronto! Viste-o bem, e disseste-o com propriedade. É perfeitamente isso.

– Gente, não acredito! Entendi tudo! Também, do jeito que o senhor explica, não dá pra não entender... Valeu! Valeu mesmo... Só que a minha cabeça já está batendo pino. Pensei demais... Tudo bem se o Álvaro de Campos ficar pra amanhã?

Poemas de Álvaro de Campos

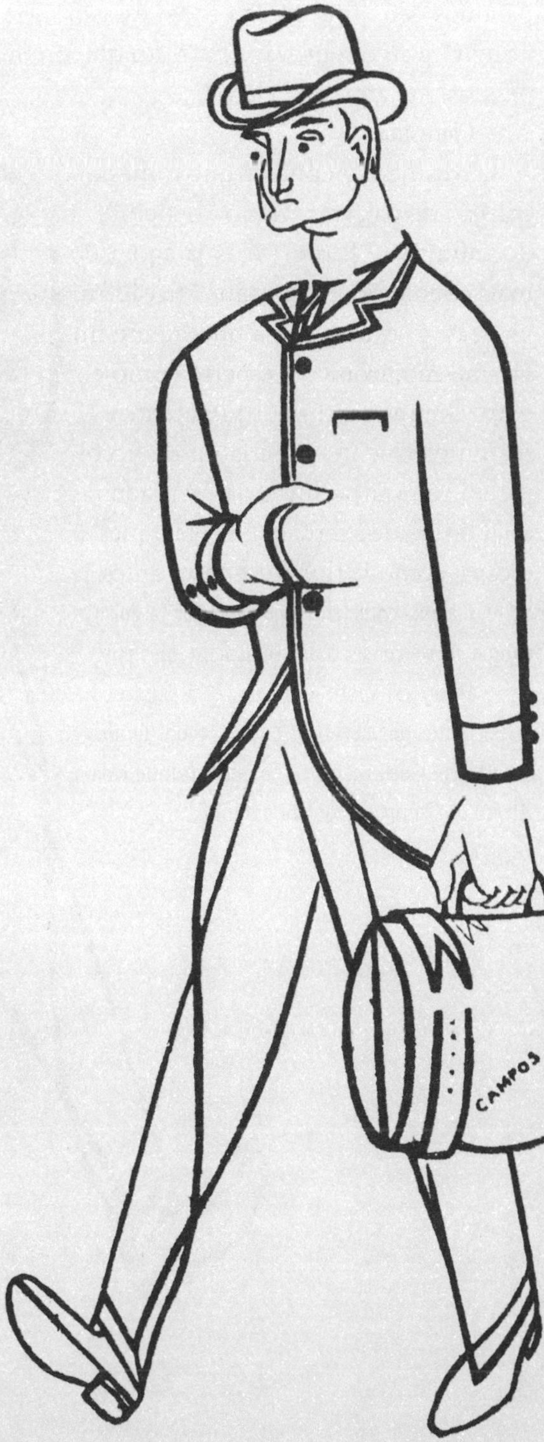

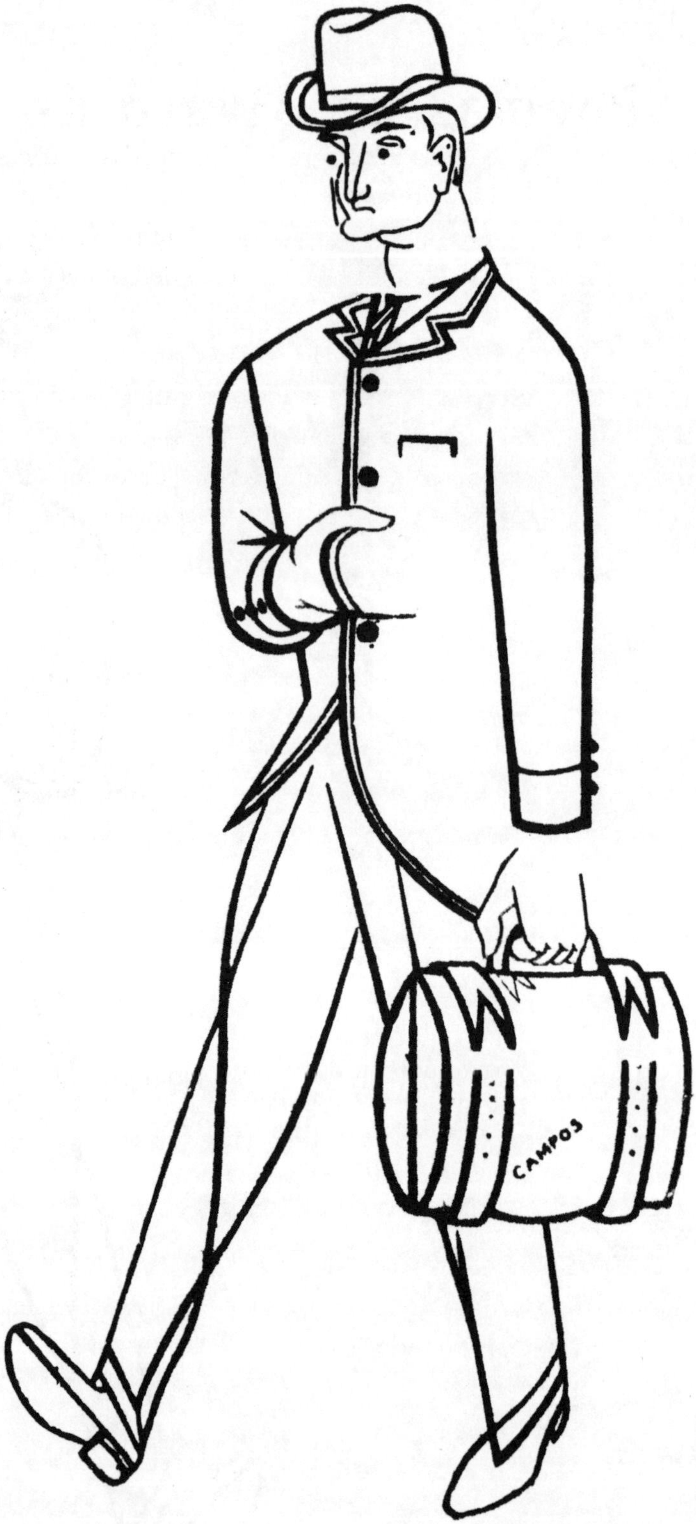
CAMPOS

ODE TRIUNFAL
[trechos]

À dolorosa luz das grandes lâmpadas elétricas da fábrica
Tenho febre e escrevo,
Escrevo rangendo os dentes, fera para a beleza disto,
Para a beleza disto totalmente desconhecida dos antigos.

Ó rodas, ó engrenagens, r-r-r-r-r-r eterno!
Forte espasmo retido dos maquinismos em fúria!
Em fúria fora e dentro de mim,
Por todos os meus nervos dissecados fora,
Por todas as papilas fora de tudo com que eu sinto!
Tenho os lábios secos, ó grandes ruídos modernos,
De vos ouvir demasiadamente de perto,
E arde-me a cabeça de vos querer cantar com um excesso
De expressão de todas as minhas sensações,
Com um excesso contemporâneo de vós, ó máquinas!

Em febre e olhando os motores como a uma Natureza tropical –
Grandes trópicos humanos de ferro e fogo e força –
Canto, e canto o presente, e também o passado e o futuro,
Porque o presente é todo o passado e todo o futuro
E há Platão e Virgílio dentro das máquinas
    e das luzes elétricas
Só porque houve outrora e foram humanos Virgílio e Platão,
E pedaços do Alexandre Magno do século talvez cinquenta,

Espasmo – contração muscular inesperada; em sentido figurado: arrebatamento ou espanto.

Dissecados – seccionados, retalhados, para serem analisados em minúcia.

Platão – filósofo grego (427-347 a.C.), autor de *O banquete*, *Fédon*, *A república* e outros diálogos.

Virgílio – poeta latino (70-19 a.C.), autor da *Eneida*.

Alexandre Magno – também conhecido como Alexandre, o Grande (356-323 a.C.), rei da Macedônia, conquistador do Egito e da Ásia.

Átomos que hão de ir ter febre para o cérebro do Ésquilo
do século cem,
Andam por estas correias de transmissão e por estes êmbolos
e por estes volantes,
Rugindo, rangendo, ciciando, estrugindo, ferreando,
Fazendo-me um excesso de carícias ao corpo numa só carícia à alma.

Ah, poder exprimir-me todo como um motor se exprime!
Ser completo como uma máquina!

....

Amo-vos a todos, a tudo, como uma fera.
Amo-vos carnivoramente,
Pervertidamente e enroscando a minha vista
Em vós, ó coisas grandes, banais, úteis, inúteis,
Ó coisas todas modernas,
Ó minhas contemporâneas, forma atual e próxima
Do sistema imediato do Universo!
Nova Revelação metálica e dinâmica de Deus!

....

Saudação a Walt Whitman
[trechos]

....

Abram-me todas as portas!
Por força que hei de passar!
Minha senha? Walt Whitman!
Mas não dou senha nenhuma...

Ésquilo – poeta trágico grego (525-456 a.C.), autor de *Orestíada*, *Prometeu acorrentado* e outras peças.
Êmbolo – cilindro ou disco que se move em vaivém no interior de um motor ou uma máquina.
Walt Whitman – poeta norte-americano (1819-1892), precursor do modernismo, autor de *Folhas da relva*, um dos preferidos de Fernando Pessoa.

Passo sem explicações...
Se for preciso meto dentro as portas...
Sim – eu, franzino e civilizado, meto dentro as portas,
Porque neste momento não sou franzino nem civilizado,
Sou EU, um universo pensante de carne e osso, querendo passar,
E que há de passar por força, porque quando quero passar
sou Deus!

....

Abram-me todas as janelas!
Arranquem-me todas as portas!
Puxem a casa toda para cima de mim!
Quero viver em liberdade no ar,
Quero ter gestos fora do meu corpo,
Quero correr como a chuva pelas paredes abaixo,
Quero ser pisado nas estradas largas como as pedras,
Quero ir, como as coisas pesadas, para o fundo dos mares,
Com uma voluptuosidade que já está longe de mim!

....

Não quero intervalos no mundo!
Quero a contiguidade penetrada e material dos objetos!
Quero que os corpos físicos sejam uns dos outros como as almas,
Não só dinamicamente mas estaticamente também!

Quero voar e cair de muito alto!
Ser arremessado como uma granada!
Ir parar a... Ser levado até...
Abstrato auge no fim de mim e de tudo!

....

Passagem das horas
[trechos]

....

Trago dentro do meu coração,
Como num cofre que se não pode fechar de cheio,
Todos os lugares onde estive,
Todos os portos a que cheguei,
Todas as paisagens que vi através de janelas ou vigias,
Ou de tombadilhos, sonhando,
E tudo isso, que é tanto, é pouco para o que quero.

....

Não sei sentir, não sei ser humano, conviver
De dentro da alma triste com os homens meus irmãos na terra.
Não sei ser útil mesmo sentindo, ser prático, ser quotidiano,
    nítido,
Ter um lugar na vida, ter um destino entre os homens,
Ter uma obra, uma força, uma vontade, uma horta,
Uma razão para descansar, uma necessidade de me distrair,
Uma cousa vinda diretamente da natureza para mim.

....

Sentir tudo de todas as maneiras,
Viver tudo de todos os lados,
Ser a mesma coisa de todos os modos possíveis ao mesmo tempo,
Realizar em si toda a humanidade de todos os momentos,
Num só momento difuso, profuso, completo e longínquo.

Tombadilhos – as partes superiores, na popa ou na traseira dos navios.
Difuso – disseminado, sem contornos nítidos; prolixo.
Profuso – generoso, pródigo, abundante.

....

Multipliquei-me, para me sentir,
Para me sentir, precisei sentir tudo,
Transbordei, não fiz senão extravasar-me,
Despi-me, entreguei-me,
E há em cada canto da minha alma um altar a um deus diferente.

....

Sentir tudo de todas as maneiras,
Ter todas as opiniões,
Ser sincero contradizendo-se a cada minuto,
Desagradar a si próprio pela plena liberalidade de espírito,
E amar as coisas como Deus.

....

Toda a energia é a mesma e toda a natureza é o mesmo...
A seiva da seiva das árvores é a mesma energia que mexe
As rodas da locomotiva, as rodas do elétrico, os volantes
    dos Diesel,
E um carro puxado a mulas ou a gasolina é puxado pela
    mesma coisa.

....

Dói-me a imaginação, não sei como, mas é ela que dói,
Declina dentro de mim o sol no alto do céu.
Começa a tender a entardecer no azul e nos meus nervos.
Vamos ó cavalgada, quem mais me consegues tornar?

Elétrico – em Portugal significa "bonde".
Diesel – veículo que tem motor movido por esse combustível.

Eu que, veloz, voraz, comilão da energia abstrata,
Queria comer, beber, esfolar e arranhar o mundo,
Eu, que só me contentaria com calcar o universo aos pés,
Calcar, calcar, calcar até não sentir...
Eu, sinto que ficou fora do que imaginei tudo o que quis,
Que embora eu quisesse tudo, tudo me faltou.

....

Lisbon revisited (1923)

Não: não quero nada.
Já disse que não quero nada.

Não me venham com conclusões!
A única conclusão é morrer.

Não me tragam estéticas!
Não me falem em moral!
Tirem-me daqui a metafísica!
Não me apregoem sistemas completos, não me
enfileirem conquistas
Das ciências (das ciências, Deus meu, das ciências!) –
Das ciências, das artes, da civilização moderna!

Que mal fiz eu aos deuses todos?

Se têm a verdade, guardem-na!

Sou um técnico, mas tenho técnica só dentro da técnica.
Fora disso sou doido, com todo o direito a sê-lo.
Com todo o direito a sê-lo, ouviram?

Lisbon revisited – inglês: Lisboa revisitada.
Estéticas – estudos ou teorias sobre a arte.

Não me macem, por amor de Deus!

Queriam-me casado, fútil, quotidiano e tributável?
Queriam-me o contrário disto, o contrário de qualquer coisa?
Se eu fosse outra pessoa, fazia-lhes, a todos, a vontade.
Assim, como sou, tenham paciência!
Vão para o diabo sem mim
Ou deixem-me ir sozinho para o diabo!
Para que havemos de ir juntos?

Não me peguem no braço!
Não gosto que me peguem no braço. Quero ser sozinho.
Já disse que sou sozinho!
Ah, que maçada quererem que eu seja de companhia!

Ó céu azul – o mesmo da minha infância –
Eterna verdade vazia e perfeita!
Ó macio Tejo ancestral e mudo,
Pequena verdade onde o céu se reflete!
Ó mágoa revisitada, Lisboa de outrora de hoje!
Nada me dais, nada me tirais, nada sois que eu me sinta.

Deixem-me em paz! Não tardo, que eu nunca tardo...
E enquanto tarda o Abismo e o Silêncio quero estar sozinho!

Lisbon revisited (1926)

Nada me prende a nada
Quero cinquenta coisas ao mesmo tempo.
Anseio com uma angústia de fome de carne
O que não sei que seja –

Macem – do verbo maçar: aborrecer, incomodar.

Definidamente pelo indefinido...
Durmo irrequieto, e vivo num sonhar irrequieto
De quem dorme irrequieto, metade a sonhar.

Fecharam-me todas as portas abstratas e necessárias.
Correram cortinas de todas as hipóteses que eu poderia ver na rua.
Não há na travessa achada o número da porta que me deram.
Acordei para a mesma vida para que tinha adormecido.
Até os meus exércitos sonhados sofreram derrota.
Até os meus sonhos se sentiram falsos ao serem sonhados.
Até a vida só desejada me farta – até essa vida...

Compreendo a intervalos desconexos;
Escrevo por lapsos de cansaço;
E um tédio que é até do tédio arroja-me à praia.
Não sei que destino ou futuro compete à minha angústia sem leme;
Não sei que ilhas do Sul impossível aguardam-me náufrago;
Ou que palmares de literatura me darão ao menos um verso.

Não, não sei isto, nem outra coisa, nem coisa nenhuma...
E, no fundo do meu espírito, onde sonho o que sonhei,
Nos campos últimos da alma, onde memoro sem causa
(E o passado é uma névoa natural de lágrimas falsas),
Nas estradas e atalhos das florestas longínquas
Onde supus o meu ser,
Fogem desmantelados, últimos restos
Da ilusão final,
Os meus exércitos sonhados, derrotados sem ter sido,
As minhas coortes por existir, esfaceladas em Deus.

Palmares – do francês *palmarès*: lista de premiações de um intelectual ou de uma obra (só usado em Portugal).

Coortes – tropas, forças armadas.

Outra vez te revejo,
Cidade da minha infância pavorosamente perdida...
Cidade triste e alegre, outra vez te sonho aqui...
Eu? Mas sou eu o mesmo que aqui vivi, e aqui voltei,
E aqui tornei a voltar, e a voltar?
E aqui de novo tornei a voltar?
Ou somos, todos os Eu que estive aqui ou estiveram,
Uma série de contas-entes ligadas por um fio-memória,
Uma série de sonhos de mim de alguém de fora de mim?

Outra vez te revejo,
Com o coração mais longínquo, a alma menos minha.

Outra vez te revejo – Lisboa e Tejo e tudo –,
Transeunte inútil de ti e de mim,
Estrangeiro aqui como em toda a parte,
Casual na vida como na alma,
Fantasma a errar em salas de recordações,
Ao ruído dos ratos e das tábuas que rangem
No castelo maldito de ter que viver...

Outra vez te revejo,
Sombra que passa através de sombras, e brilha
Um momento a uma luz fúnebre desconhecida,
E entra na noite como um rastro de barco se perde
Na água que deixa de se ouvir...

Outra vez te revejo,
Mas, ai, a mim não me revejo!
Partiu-se o espelho mágico em que me revia idêntico,
E em cada fragmento fatídico vejo só um bocado de mim –
Um bocado de ti e de mim!...

Transeunte – que está de passagem ou temporariamente.
Fatídico – fatal, sinistro, trágico.

Ilustração de Fernando Azevedo para o poema "Tabacaria"

Tabacaria

Não sou nada.
Nunca serei nada.
Não posso querer ser nada.
À parte isso, tenho em mim todos os sonhos do mundo.

Janelas do meu quarto,
Do meu quarto de um dos milhões do mundo que ninguém
sabe quem é
(E se soubessem quem é, o que saberiam?),
Dais para o mistério de uma rua cruzada constantemente por gente,
Para uma rua inacessível a todos os pensamentos,
Real, impossivelmente real, certa, desconhecidamente certa,
Com o mistério das coisas por baixo das pedras e dos seres,
Com a morte a pôr umidade nas paredes e cabelos brancos
nos homens,
Com o Destino a conduzir a carroça de tudo pela estrada de nada.

Estou hoje vencido, como se soubesse a verdade.
Estou hoje lúcido, como se estivesse para morrer
E não tivesse mais irmandade com as coisas
Senão uma despedida, tornando-se esta casa e este lado da rua
A fileira de carruagens de um comboio, e uma partida apitada
De dentro da minha cabeça,
E uma sacudidela dos meus nervos e um ranger de ossos na ida.

Estou hoje perplexo, como quem pensou e achou e esqueceu.
Estou hoje dividido entre a lealdade que devo
À Tabacaria do outro lado da rua, como coisa real por fora,
E à sensação de que tudo é sonho, como coisa real por dentro.

Falhei em tudo.
Como não fiz propósito nenhum, talvez tudo fosse nada.

Carruagens de um comboio – vagões de um trem.

A aprendizagem que me deram,
Desci dela pela janela das traseiras da casa.
Fui até ao campo com grandes propósitos.
Mas lá encontrei só ervas e árvores,
E quando havia gente era igual à outra.
Saio da janela, sento-me numa cadeira. Em que hei de pensar?

Que sei eu do que serei, eu que não sei o que sou?
Ser o que penso? Mas penso ser tanta coisa!
E há tantos que pensam ser a mesma coisa que não pode haver tantos!
Gênio? Neste momento
Cem mil cérebros se concebem em sonho gênios como eu,
E a história não marcará, quem sabe?, nem um,
Nem haverá senão estrume de tantas conquistas futuras.
Não, não creio em mim.
Em todos os manicômios há doidos malucos com tantas certezas!
Eu, que não tenho nenhuma certeza, sou mais certo ou menos certo?
Não, nem em mim...
Em quantas mansardas e não mansardas do mundo
Não estão nesta hora gênios-para-si-mesmos sonhando?
Quantas aspirações altas e nobres e lúcidas –
Sim, verdadeiramente altas e nobres e lúcidas –,
E quem sabe se realizáveis,
Nunca verão a luz do sol real nem acharão ouvidos de gente?
O mundo é para quem nasce para o conquistar
E não para quem sonha que pode conquistá-lo, ainda que tenha razão.
Tenho sonhado mais que o que Napoleão fez.
Tenho apertado ao peito hipotético mais humanidades do que Cristo.

Mansarda – cômodo com teto baixo e parede inclinada, entre o telhado e o forro de uma edificação. A partir do século XIX passa a ser sinônimo de habitação miserável.

Napoleão – Napoleão Bonaparte (1769-1821), imperador da França e conquistador de parte da Europa.

Tenho feito filosofias em segredo que nenhum Kant escreveu.
Mas sou, e talvez serei sempre, o da mansarda,
Ainda que não more nela;
Serei sempre *o que não nasceu para isso;*
Serei sempre só *o que tinha qualidades;*
Serei sempre o que esperou que lhe abrissem a porta ao pé de uma
parede sem porta
E cantou a cantiga do Infinito numa capoeira,
E ouviu a voz de Deus num poço tapado.
Crer em mim? Não, nem em nada.
Derrame-me a Natureza sobre a cabeça ardente
O seu sol, a sua chuva, o vento que me acha o cabelo,
E o resto que venha se vier, ou tiver que vir, ou não venha.
Escravos cardíacos das estrelas,
Conquistamos todo o mundo antes de nos levantar da cama;
Mas acordamos e ele é opaco,
Levantamo-nos e ele é alheio,
Saímos de casa e ele é a terra inteira,
Mais o sistema solar e a Via Láctea e o Indefinido.

(Come chocolates, pequena;
Come chocolates!
Olha que não há mais metafísica no mundo senão chocolates.
Olha que as religiões todas não ensinam mais que a confeitaria.
Come, pequena suja, come!
Pudesse eu comer chocolates com a mesma verdade com que comes!
Mas eu penso e, ao tirar o papel de prata, que é de folha de estanho,
Deito tudo para o chão, como tenho deitado a vida.)

Mas ao menos fica da amargura do que nunca serei
A caligrafia rápida destes versos,

Kant – Emanuel Kant (1724-1804), filósofo alemão, autor de *Crítica da razão prática*, *Crítica do juízo* e outras obras.

Capoeira – pode significar "casinhola" ou "gaiola", para prender aves, e "terreno roçado no meio da mata", mas não tem nada a ver com a arte marcial desenvolvida no Brasil.

O vento que me acha o cabelo – neste verso, o verbo "achar" significa repartir, cortar: "o vento que me *reparte* o cabelo".

Pórtico partido para o Impossível.
Mas ao menos consagro a mim mesmo um desprezo sem lágrimas,
Nobre ao menos no gesto largo com que atiro
A roupa suja que sou, sem rol, para o decurso das coisas,
E fico em casa sem camisa.

(Tu, que consolas, que não existes e por isso consolas,
Ou deusa grega, concebida como estátua que fosse viva,
Ou patrícia romana, impossivelmente nobre e nefasta,
Ou princesa de trovadores, gentilíssima e colorida,
Ou marquesa do século dezoito, decotada e longínqua,
Ou cocote célebre do tempo dos nossos pais,
Ou não sei quê moderno – não concebo bem o quê –,
Tudo isso, seja o que for, que sejas, se pode inspirar que inspire!
Meu coração é um balde despejado.
Como os que invocam espíritos invocam espíritos invoco
A mim mesmo e não encontro nada.
Chego à janela e vejo a rua com uma nitidez absoluta.
Vejo as lojas, vejo os passeios, vejo os carros que passam,
Vejo os entes vivos vestidos que se cruzam,
Vejo os cães que também existem,
E tudo isto me pesa como uma condenação ao degredo,
E tudo isto é estrangeiro, como tudo.)

Vivi, estudei, amei, e até cri,
E hoje não há mendigo que eu não inveje só por não ser eu.

Pórtico – local coberto, à entrada de um templo ou palácio.

Rol – lista, relação.

Patrícia romana – mulher que, mesmo não pertencendo à nobreza, tinha uma condição elevada, na Roma antiga.

Trovadores – poetas e compositores, na Idade Média, intérpretes e autores de letra e música das cantigas líricas ou satíricas.

Cocote – mulher mundana, vaidosa e fútil; cortesã.

Passeios – "passeio", no caso, não é o ato de passear, mas o lugar onde as pessoas passeiam, isto é, as calçadas.

Degredo – exílio, deportação.

Olho a cada um os andrajos e as chagas e a mentira,
E penso: talvez nunca vivesses nem estudasses nem amasses
nem cresses
(Porque é possível fazer a realidade de tudo isso sem fazer
nada disso);
Talvez tenhas existido apenas, como um lagarto a quem
cortam o rabo
E que é rabo para aquém do lagarto remexidamente.

Fiz de mim o que não soube,
E o que podia fazer de mim não o fiz.
O dominó que vesti era errado.
Conheceram-me logo por quem não era e não desmenti, e perdi-me.
Quando quis tirar a máscara,
Estava pegada à cara.
Quando a tirei e me vi ao espelho,
Já tinha envelhecido.
Estava bêbado, já não sabia vestir o dominó que não tinha tirado.
Deitei fora a máscara e dormi no vestiário
Como um cão tolerado pela gerência
Por ser inofensivo
E vou escrever esta história para provar que sou sublime.

Essência musical dos meus versos inúteis,
Quem me dera encontrar-te como coisa que eu fizesse,
E não ficasse sempre defronte da Tabacaria de defronte,
Calcando aos pés a consciência de estar existindo,
Como um tapete em que um bêbado tropeça
Ou um capacho que os ciganos roubaram e não valia nada.

Mas o Dono da Tabacaria chegou à porta e ficou à porta.
Olho-o com o desconforto da cabeça mal voltada
E com o desconforto da alma mal-entendendo.

Andrajos – trapos, panos velhos e rasgados.
Dominó – no verso "o dominó que vesti era errado", significa "fantasia usada em bailes de máscara".

Ele morrerá e eu morrerei.
Ele deixará a tabuleta, eu deixarei versos.
A certa altura morrerá a tabuleta também, e os versos também.
Depois de certa altura morrerá a rua onde esteve a tabuleta,
E a língua em que foram escritos os versos.
Morrerá depois o planeta girante em que tudo isto se deu.
Em outros satélites de outros sistemas qualquer coisa como gente
Continuará fazendo coisas como versos e vivendo por baixo de coisas como tabuletas,
Sempre uma coisa defronte da outra,
Sempre uma coisa tão inútil como a outra,
Sempre o impossível tão estúpido como o real,
Sempre o mistério do fundo tão certo como o sono de mistério da superfície,
Sempre isto ou sempre outra coisa ou nem uma coisa nem outra.

Mas um homem entrou na Tabacaria (para comprar tabaco?),
E a realidade plausível cai de repente em cima de mim.
Semiergo-me enérgico, convencido, humano,
E vou tencionar escrever estes versos em que digo o contrário.
Acendo um cigarro ao pensar em escrevê-los
E saboreio no cigarro a libertação de todos os pensamentos.
Sigo o fumo como uma rota própria,
E gozo, num momento sensitivo e competente,
A libertação de todas as especulações
E a consciência de que a metafísica é uma consequência de estar mal disposto.

Depois deito-me para trás na cadeira
E continuo fumando.
Enquanto o Destino mo conceder, continuarei fumando.

(Se eu casasse com a filha da minha lavadeira,
Talvez fosse feliz.)
Visto isto, levanto-me da cadeira. Vou à janela.

O homem saiu da Tabacaria (metendo troco na algibeira
das calças?).
Ah, conheço-o: é o Esteves sem metafísica.
(O Dono da Tabacaria chegou à porta.)
Como por um instinto divino o Esteves voltou-se e viu-me.
Acenou-me adeus, gritei-lhe *Adeus ó Esteves!*, e o universo
Reconstruiu-se-me sem ideal nem esperança,
e o Dono da Tabacaria sorriu.

Adiamento

Depois de amanhã, sim, só depois de amanhã...
Levarei amanhã a pensar em depois de amanhã.
E assim será possível; mas hoje não...
Não, hoje nada; hoje não posso.
A persistência confusa da minha subjetividade objetiva,
O sono da minha vida real, intercalado,
O cansaço antecipado e infinito,
Um cansaço de mundos para apanhar um elétrico...
Esta espécie de alma...
Só depois de amanhã...
Hoje quero preparar-me,
Quero preparar-me para pensar amanhã no dia seguinte...
Ele é que é decisivo.
Tenho já o plano traçado; mas não, hoje não traço planos...
Amanhã é o dia dos planos.
Amanhã sentar-me-ei à secretária para conquistar o mundo;
Mas só conquistarei o mundo depois de amanhã...
Tenho vontade de chorar,
Tenho vontade de chorar muito, de repente, de dentro...

Algibeira – na expressão "metendo troco na algibeira das calças", significa "bolso".

Secretária – em "sentar-me-ei à secretária", a palavra quer dizer "escrivaninha" (daquelas antigas, que têm tampa).

Não, não queiram saber mais nada, é segredo, não digo.
Só depois de amanhã...
Quando eu era criança o circo de domingo divertia-me toda
a semana.
Hoje só me diverte o circo de domingo de toda a semana
da minha infância...
Depois de amanhã serei outro,
A minha vida triunfar-se-á,
Todas as minhas qualidades reais de inteligente, lido e prático
Serão convocadas por um edital...
Mas por um edital de amanhã...
Hoje quero dormir, redigirei amanhã...
Por hoje, qual é o espetáculo que me repetiria a infância?
Mesmo para eu comprar os bilhetes amanhã,
Que depois de amanhã é que está bem o espetáculo...
Antes, não...
Depois de amanhã terei a pose pública que amanhã estudarei.
Depois de amanhã serei finalmente o que hoje não posso
nunca ser.
Só depois de amanhã...
Tenho sono como o frio de um cão vadio.
Tenho muito sono.
Amanhã te direi as palavras, ou depois de amanhã...
Sim, talvez só depois de amanhã...

O porvir...
Sim, o porvir...

Edital – aviso, convocação.

[Na noite terrível]

Na noite terrível, substância natural de todas as noites,
Na noite de insônia, substância natural de todas as minhas noites,
Relembro, velando em modorra incômoda,
Relembro o que fiz e o que podia ter feito na vida.
Relembro, e uma angústia
Espalha-se por mim todo como um frio do corpo ou um medo.
O irreparável do meu passado – esse é que é o cadáver!
Todos os outros cadáveres pode ser que sejam ilusão,
Todos os mortos pode ser que sejam vivos noutra parte.
Todos os meus próprios momentos passados pode ser
    que existam algures,
Na ilusão do espaço e do tempo,
Na falsidade do decorrer.

Mas o que eu não fui, o que eu não fiz, o que nem sequer sonhei;
O que só agora vejo que deveria ter feito,
O que só agora claramente vejo que deveria ter sido –
Isso é que é morto para além de todos os Deuses,
Isso – e foi afinal o melhor de mim – é que nem os Deuses
    fazem viver...

Se em certa altura
Tivesse voltado para a esquerda em vez de para a direita;
Se em certo momento
Tivesse dito sim em vez de não, ou não em vez de sim;
Se em certa conversa
Tivesse tido as frases que só agora, no meio-sono, elaboro –
Se tudo isso tivesse sido assim,
Seria outro hoje, e talvez o universo inteiro
Seria insensivelmente levado a ser outro também.

Modorra – sonolência, prostração, torpor; apatia; sono leve e curto.
Algures – em algum lugar.

Mas não virei para o lado irreparavelmente perdido,
Não virei nem pensei em virar, e só agora o percebo;
Mas não disse não ou não disse sim, e só agora vejo o que não disse;
Mas as frases que faltou dizer nesse momento surgem-me todas,
Claras, inevitáveis, naturais,
A conversa fechada concludentemente,
A matéria toda resolvida...
Mas só agora o que nunca foi, nem será para trás, me dói.

O que falhei deveras não tem 'sperança nenhuma
Em sistema metafísico nenhum.
Pode ser que para outro mundo eu possa levar o que sonhei,
Mas poderei eu levar para outro mundo o que me esqueci de sonhar?
Esses sim, os sonhos por haver, é que são o cadáver.
Enterro-o no meu coração para sempre, para todo o sempre,
    para todos os universos,
Nesta noite em que não durmo, e o sossego me cerca
Como uma verdade de que não partilho,
E lá fora o luar, com a esperança que não tenho, é invisível pra mim.

[Ao volante do Chevrolet]

Ao volante do Chevrolet pela estrada de Sintra,
Ao luar e ao sonho, na estrada deserta,
Sozinho guio, guio quase devagar, e um pouco
Me parece, ou me forço um pouco para que me pareça,
Que sigo por outra estrada, por outro sonho, por outro mundo,
Que sigo sem haver Lisboa deixada ou Sintra a que ir ter,
Que sigo, e que mais haverá em seguir senão não parar mas seguir?

Vou passar a noite em Sintra por não poder passá-la em Lisboa,
Mas, quando chegar a Sintra, terei pena de não ter ficado em Lisboa.
Sempre esta inquietação sem propósito, sem nexo, sem consequência,
Sempre, sempre, sempre,
Esta angústia excessiva do espírito por coisa nenhuma,
Na estrada de Sintra, na estrada do sonho, ou na estrada da vida...

Maleável aos meus movimentos subconscientes do volante,
Galga sob mim comigo o automóvel que me emprestaram.
Sorrio do símbolo, ao pensar nele, e ao virar à direita.
Em quantas coisas que me emprestaram eu sigo no mundo!
Quantas coisas que me emprestaram guio como minhas!
Quanto me emprestaram, ai de mim!, eu próprio sou!

À esquerda o casebre – sim, o casebre – à beira da estrada.
À direita o campo aberto, com a lua ao longe.
O automóvel, que parecia há pouco dar-me liberdade,
É agora uma coisa onde estou fechado,
Que só posso conduzir se nele estiver fechado,
Que só domino se me incluir nele, se ele me incluir a mim.

À esquerda lá para trás o casebre modesto, mais que modesto.
A vida ali deve ser feliz, só porque não é a minha.
Se alguém me viu da janela do casebre, sonhará:
    – Aquele é que é feliz.
Talvez à criança espreitando pelos vidros da janela do
    andar que está em cima,
Fiquei (com o automóvel emprestado) como um sonho,
    uma fada real.
Talvez à rapariga que olhou, ouvindo o motor, pela janela
    da cozinha
No pavimento térreo,
Sou qualquer coisa do príncipe de todo o coração de rapariga,
E ela me olhará de esguelha, pelos vidros, até à curva em
    que me perdi.
Deixarei sonhos atrás de mim, ou é o automóvel que os deixa?
Eu, guiador do automóvel emprestado, ou o automóvel
    emprestado que eu guio?

Na estrada de Sintra ao luar, na tristeza ante os campos e a noite,
Guiando o Chevrolet emprestado desconsoladamente,
Perco-me na estrada futura, sumo-me na distância que alcanço,
E, num desejo terrível, súbito, violento, inconcebível,
Acelero...

Mas o meu coração ficou no monte de pedras, de que
    me desviei ao vê-lo sem vê-lo,
À porta do casebre,
O meu coração vazio,
O meu coração insatisfeito,
O meu coração mais humano do que eu, mais exato que a vida.

Na estrada de Sintra, perto da meia-noite, ao luar, ao volante,
Na estrada de Sintra, que cansaço da própria imaginação,
Na estrada de Sintra, cada vez mais perto de Sintra,
Na estrada de Sintra, cada vez menos perto de mim...

Reticências

[trechos]

Arrumar a vida, pôr prateleiras na vontade e na ação.
Quero fazer isto agora, como sempre quis, com o mesmo resultado;
Mas que bom ter o propósito claro, firme só na clareza,
    de fazer qualquer coisa!

Vou fazer as malas para o Definitivo,
Organizar Álvaro de Campos,
E amanhã ficar na mesma coisa que antes de ontem –
    um antes de ontem que é sempre...
Sorrio do conhecimento antecipado da coisa-nenhuma que serei.
Sorrio ao menos; sempre é alguma coisa o sorrir...
Produtos românticos, nós todos...
E se não fôssemos produtos românticos, se calhar não seríamos nada.
Assim se faz a literatura...
Santos Deuses, assim até se faz a vida!

....

Descri de todos os deuses diante de uma secretária por arrumar,
Fitei de frente todos os destinos pela distração de ouvir
apregoando,
E o meu cansaço é um barco velho que apodrece na praia deserta,
E com esta imagem de qualquer outro poeta fecho a secretária
e o poema...
Como um deus, não arrumei nem uma coisa nem outra...

Aniversário

No tempo em que festejavam o dia dos meus anos,
Eu era feliz e ninguém estava morto.
Na casa antiga, até eu fazer anos era uma tradição de há séculos,
E a alegria de todos, e a minha, estava certa como uma
religião qualquer.

No tempo em que festejavam o dia dos meus anos,
Eu tinha a grande saúde de não perceber coisa nenhuma,
De ser inteligente para entre a família,
E de não ter as esperanças que os outros tinham por mim.
Quando vim a ter esperanças, já não sabia ter esperanças.
Quando vim a olhar para a vida, perdera o sentido da vida.

Sim, o que fui de suposto a mim-mesmo,
O que fui de coração e parentesco,
O que fui de serões de meia-província,
O que fui de amarem-me e eu ser menino,
O que fui – ai, meu Deus!, o que só hoje sei que fui...
A que distância!...
(Nem o acho...)
O tempo em que festejavam o dia dos meus anos!

Serões – reuniões familiares noturnas; festa noturna.

O que eu sou hoje é como a umidade no corredor do fim da casa,
Pondo grelado nas paredes...
O que eu sou hoje (e a casa dos que me amaram treme através
    das minhas lágrimas),
O que eu sou hoje é terem vendido a casa,
É terem morrido todos,
É estar eu sobrevivente a mim-mesmo como um fósforo frio...

No tempo em que festejavam o dia dos meus anos...
Que meu amor, como uma pessoa, esse tempo!
Desejo físico da alma de se encontrar ali outra vez,
Por uma viagem metafísica e carnal,
Com uma dualidade de eu para mim...
Comer o passado como pão de fome, sem tempo de manteiga nos dentes!

Vejo tudo outra vez com uma nitidez que me cega para o que há aqui...
A mesa posta com mais lugares, com melhores desenhos na loiça,
    com mais copos,
O aparador com muitas coisas – doces, frutas, o resto na sombra
    debaixo do alçado –,
As tias velhas, os primos diferentes, e tudo era por minha causa,
No tempo em que festejavam o dia dos meus anos...

Para, meu coração!
Não penses! Deixa o pensar na cabeça!
Ó meu Deus, meu Deus, meu Deus!
Hoje já não faço anos.
Duro.
Somam-se-me dias.
Serei velho quando o for.
Mais nada.
Raiva de não ter trazido o passado roubado na algibeira!...

O tempo em que festejavam o dia dos meus anos!...

Grelado – do verbo grelar: brotar, germinar.

PECADO ORIGINAL

Ah, quem escreverá a história do que poderia ter sido?
Será essa, se alguém a escrever,
A verdadeira história da Humanidade.

O que há é só o mundo verdadeiro, não é nós, só o mundo;
O que não há somos nós, e a verdade está aí.

Sou quem falhei ser.
Somos todos quem nos supusemos.
A nossa realidade é o que não conseguimos nunca.

Que é daquela nossa verdade – o sonho à janela da infância?
Que é daquela nossa certeza – o propósito à mesa de depois?

Medito, a cabeça curvada contra as mãos sobrepostas
Sobre o parapeito alto da janela da sacada,
Sentado de lado numa cadeira, depois do jantar.

Que é da minha realidade, que só tenho a vida?
Que é de mim, que sou só quem existo?

Quantos Césares fui!

Na alma, e com alguma verdade;
Na imaginação, e com alguma justiça;
Na inteligência, e com alguma razão –
Quantos Césares fui!
Quantos Césares fui!
Quantos Césares fui!

Césares – designação genérica de todos os imperadores romanos que adotaram o nome César, em memória de Júlio César (101-44 a.C.).

Datilografia
[trechos]

Traço sozinho, no meu cubículo de engenheiro, o plano,
Firmo o projeto, aqui isolado,
Remoto até de quem eu sou.

Ao lado, acompanhamento banalmente sinistro,
O tique-taque estalado das máquinas de escrever.
Que náusea da vida!
Que abjeção esta regularidade!
Que sono este ser assim!

....

Temos todos duas vidas:
A verdadeira, que é a que sonhamos na infância,
E que continuamos sonhando, adultos, num substrato de névoa;
A falsa, que é a que vivemos em convivência com outros,
Que é a prática, a útil,
Aquela em que acabam por nos meter num caixão.

Na outra não há caixões, nem mortes,
Há só ilustrações de infância:
Grandes livros coloridos, para ver mas não ler;
Grandes páginas de cores para recordar mais tarde.
Na outra somos nós,
Na outra vivemos;
Nesta morremos, que é o que viver quer dizer;
Neste momento, pela náusea, vivo na outra...

Mas ao lado, acompanhamento banalmente sinistro,
Ergue a voz o tique-taque estalado das máquinas de escrever.

Abjeção – baixeza, torpeza, degradação.
Substrato – a essência, a natureza íntima.

[O que há em mim]

O que há em mim é sobretudo cansaço –
Não disto nem daquilo,
Nem sequer de tudo ou de nada:
Cansaço assim mesmo, ele mesmo.
Cansaço.

A sutileza das sensações inúteis,
As paixões violentas por coisa nenhuma,
Os amores intensos por o suposto em alguém,
Essas coisas todas –
Essas e o que falta nelas eternamente –:
Tudo isso faz um cansaço,
Este cansaço,
Cansaço.

Há sem dúvida quem ame o infinito,
Há sem dúvida quem deseje o impossível,
Há sem dúvida quem não queira nada –
Três tipos de idealistas, e eu nenhum deles:
Porque eu amo infinitamente o finito,
Porque eu desejo impossivelmente o possível,
Porque quero tudo, ou um pouco mais, se puder ser,
Ou até se não puder ser...

E o resultado?
Para eles a vida vivida ou sonhada,
Para eles o sonho sonhado ou vivido,
Para eles a média entre tudo e nada, isto é, isto...
Para mim só um grande, um profundo,
E, ah, com que felicidade, infecundo, cansaço,
Um supremíssimo cansaço,
Íssimo, íssimo, íssimo,
Cansaço...

Poema em linha reta

Nunca conheci quem tivesse levado porrada.
Todos os meus conhecidos têm sido campeões em tudo.
E eu, tantas vezes reles, tantas vezes porco, tantas vezes vil,
Eu tantas vezes irrespondivelmente parasita,
Indesculpavelmente sujo,
Eu, que tantas vezes não tenho tido paciência para tomar banho,
Eu, que tantas vezes tenho sido ridículo, absurdo,
Que tenho enrolado os pés publicamente nos tapetes das etiquetas,
Que tenho sido grotesco, mesquinho, submisso e arrogante,
Que tenho sofrido enxovalhos e calado,
Que quando não tenho calado, tenho sido mais ridículo ainda;
Eu, que tenho sido cômico às criadas de hotel,
Eu, que tenho sentido o piscar de olhos dos moços de fretes,
Eu, que tenho feito vergonhas financeiras, pedido emprestado
 sem pagar,
Eu, que, quando a hora do soco surgiu, me tenho agachado
Para fora da possibilidade do soco;
Eu, que tenho sofrido a angústia das pequenas coisas ridículas,
Eu verifico que não tenho par nisto tudo neste mundo.

Toda a gente que eu conheço e que fala comigo
Nunca teve um ato ridículo, nunca sofreu enxovalho,
Nunca foi senão príncipe – todos eles príncipes – na vida...

Quem me dera ouvir de alguém a voz humana
Que confessasse não um pecado, mas uma infâmia;
Que contasse, não uma violência, mas uma cobardia!
Não, são todos o Ideal, se os oiço e me falam.
Quem há neste largo mundo que me confesse que uma vez foi vil?

Enxovalhos – insultos, injúrias.
Moços de fretes – pessoas que levam e trazem recados.

Ó príncipes, meus irmãos,
Arre, estou farto de semideuses!
Onde é que há gente no mundo?

Então sou só eu que é vil e errôneo nesta terra?

Poderão as mulheres não os terem amado,
Podem ter sido traídos – mas ridículos nunca!
E eu, que tenho sido ridículo sem ter sido traído,
Como posso eu falar com os meus superiores sem titubear?
Eu, que tenho sido vil, literalmente vil,
Vil no sentido mesquinho e infame da vileza.

Sentir tudo de todas as maneiras

– *É uma ideia que não me sai da cabeça desde ontem. Apesar das diferenças entre eles, o Pessoa Ele-mesmo, o Caeiro e o Reis têm uma coisa em comum: a calma. O Caeiro é calmo por natureza, não precisa nem explicar; os outros dois são calmos porque batalham pra isso, quer dizer, eles se acalmam. O Ricardo Reis adota a filosofia, como é que chama?, epicurista: disciplina, não querer nada, paz interior; resultado, se acalma. O Pessoa Ele-mesmo, o tempo todo bem quieto, lá no canto dele, só olhando as coisas: calmo também. Está certo isso?*

– Perfeitamente certo. E agora vais comparar os três ao Álvaro de Campos, não vais?

– *Lógico! O Álvaro de Campos, meu, ele é diferente, ele pode ter tudo menos calma... Ele é nervoso, agitado, contraditório; ele questiona tudo, duvida de tudo, não tem certeza de nada; não sabe direito o que quer e não tem vergonha de dizer; não tem parada, tá sempre a mil... Calma, sossego, harmonia, tranquilidade? Que nada! O dicionário dele não tem essas palavras, não.*

– E por isso...?

– *Bom, por isso é que todo mundo se amarra mais no Álvaro de Campos do que nos outros. Eu acho. A Terê também... Aliás, por falar nisso, a Terê me mandou fazer uma pergunta...*

– Então vamos a ela.

– *Não, agora não. A pergunta dela fica pro final, senão eu perco o fio da meada. O que eu ia dizer é que o Álvaro de Campos é o mais moderno de todos, a agitação dele é a agitação da vida moderna:*

ninguém tem sossego, todo mundo correndo, ninguém tem tempo pra nada... Além disso, meu, é só ver a "Ode triunfal", a "Passagem das horas", os outros poemas todos: ele fala das coisas da cidade, da vida diária, da pressa, da velocidade, do comércio, do transporte, da indústria, do Chevrolet, da máquina de escrever... E fala da cabeça do cara que fica meio perdido, meio sem saber pra onde ir no meio da confusão. E o modo como ele escreve, o estilo dele (o senhor ensinou, eu aprendi) acompanha a agitação toda.

– E por isso...?

– Por isso?... Vem cá, por que o senhor não fala um pouco? Até agora só eu que falei. Vai parecer que o entrevistado sou eu...

– Se assim o desejas, posso até dizer alguma coisa, sim senhor. Mas o que pensas do Campos, junto com tua amiga Terezinha, me parece bem. Não haveria muito que acrescentar, nada que alterasse a substância do que já foi dito. Destaco o que observaste quanto ao estilo, que acompanha a agitação da vida moderna. Vejamos a que isto leva. O Álvaro de Campos é, de fato, um poeta confessional e coloquial, desinibida e desabridamente uma coisa e outra. Ele escreve como quem fala e como quem anseia por um ouvinte atento, e isso lhe determina o ritmo do pensamento, muito livre e nervoso, repetitivo, sem rumo, tal como é nervoso e livre, e repetitivo, e sem rumo, o constante turbilhonar das cidades modernas. Desse modo, a sua agitação vem a ser, ou a parecer, tão natural quanto (como o viste bem) a calma do Caeiro. Por essa razão, aliás, é que ele tem a preferência dos leitores, que logo simpatizam com ele, mais do que, digamos, com os retorcidos jogos retóricos, puro artifício, do doutor Reis, se é que com este alguém chega efetivamente a simpatizar.

– É isso aí! O senhor disse tudo!

– Tudo? Não disse quase nada... Mas, dito o que acabo de dizer, devo dizer mais: a modernidade do engenheiro Campos é de uma espécie muito peculiar, nem sempre fácil de perceber. Isto demanda uma breve explanação. Estás disposto?

– Claro! Manda ver!

– A vida moderna, tu o sabes bem, todos o sabem, é isso do ritmo acelerado, cada vez mais acelerado, que vão ganhando todas as coisas que nos cercam, por dentro e por fora, graças às constantes inovações da ciência e da técnica, graças ao progresso vertiginoso, que nos impele na direção do futuro. Até aqui julgo que me acompanhas.

– Com certeza! Pode ir em frente.

Jogos retóricos – habilidade com as palavras.

– Pois então. Há duas maneiras de reagir diante do quadro que assim se desenha. Ou bem o tipo adere de corpo e alma à idolatria do progresso avassalador, crente de que está a construir o futuro inexorável...

– É o caso do Álvaro de Campos.

– Em parte, sim, mas apenas em parte. Não te apresses. Deixa-me concluir... Eu dizia que, ou bem isso, ou bem o tipo rejeita firmemente esse mesmo progresso rolo-compressor, considera-o a negação da verdadeira humanidade e põe-se a lamentar, com imensa nostalgia, a destruição do passado, que era sempre melhor.

– É o caso do Pessoa Ele-mesmo, ou, mais ainda, do Ricardo Reis.

– Em parte, sim. Mas, outra vez: somente em parte. O fato é que (eu to garanto) as duas reações, atrás sumariamente descritas, assemelham-se em tudo e por tudo. Na verdade são a mesma reação, naquilo que têm em comum: o fanatismo, a intolerância, a ilusão de que haja uma e uma só resposta, absoluta, a todas as nossas inquietações. Para o primeiro, a resposta está no Futuro glorioso, a ser inevitavelmente atingido e conquistado, pelo milagre das inovações e do progresso; para o segundo, está na glória do Passado, irremediavelmente destruído por esse mesmo progresso. Como vês, é a mesma resposta...

– Sei lá... Nunca tinha pensado nisso. É, acho que faz sentido... O senhor está querendo dizer que ninguém sabe direito nem o que é esse Futuro nem o que foi esse Passado? É, pode ser... Mas e o Álvaro de Campos?

– Pois chegamos aonde queríamos chegar. O Álvaro de Campos, que não é nem fanático nem intolerante, e também não acredita em respostas absolutas, e se calhar não acredita em respostas de espécie alguma; o Campos não é nem uma coisa nem outra. Para o nosso heterônimo engenheiro naval (o mais moderno de todos, como o disseste, e disseste-o bem), a idade moderna não é só um ponto na sucessão linear dos tempos, a partir do qual todo o passado deva ser dado como nulo e ultrapassado, no caso da primeira resposta; ou a partir do qual a humanidade deva lamentar a perda definitiva das verdades pretéritas, no caso da segunda. Para o Álvaro de Campos, a idade moderna é uma espécie de estuário para onde convergem e onde se confundem todos os rios passados, que por isso mesmo ainda não passaram: continuam a passar. Para ele, a construção do futuro implica a reconstrução, e não a destruição, de todo o passado.

– Meu, é muito fera! Estou entendendo... Não é porque ficou velho que não existe mais; e não é porque é novo que é melhor... Estou entendendo: tem que somar tudo! Por isso, então, é que o Álvaro de Campos, lá na "Ode triunfal", diz aquele negócio meio estranho, que só agora está fazendo sentido:

Inexorável – fatal, inflexível.

"Canto, e canto o presente, e também o passado e o futuro, porque o presente é todo o passado e todo o futuro". É isso mesmo?

– Perfeitamente! Localizaste-o com precisão cirúrgica...

– Achei, olha, tá aqui: "E há Platão e Virgílio dentro das máquinas e das luzes elétricas só porque houve outrora e foram humanos Virgílio e Platão, e pedaços do Alexandre Magno do século talvez cinquenta, átomos que hão de ir ter febre para o cérebro do Ésquilo do século cem, andam por estas correias de transmissão e por estes êmbolos e por estes volantes, rugindo, rangendo, ciciando, estrugindo, ferreando".

– Pois, pois... Mas, voltando ao estilo e à naturalidade do engenheiro-poeta, sem os quais nada disso faria sentido, digo-te com todas as letras: não te iludas! Essa qualidade do Campos, que poucos hesitariam em perceber como manifestação de espontaneidade, de espontâneo não tem nada: tal como no Reis, tal como em qualquer poeta digno do nome, essa qualidade do Álvaro de Campos é fruto da arte e do estilo – artifício, portanto. A "naturalidade" do engenheiro Campos resulta, paradoxalmente, do apuro técnico, do seu largo domínio dos recursos de linguagem. Isso que parece brotar-lhe, fluente, na ponta do lápis, deu-lhe, isto sim, uma trabalheira enorme, obrigou-o a escrever e a reescrever, a burilar cada frase, a cortar e a raspar e a emendar, para ao final parecer (e só isto mesmo: parecer) natural e espontâneo. Não fosse assim e não teríamos aí arte literária, da mais elevada, e sim outra coisa qualquer.

– Epa! Se qualquer pessoa dissesse isso... Agora, vindo do senhor... Meu, eu não acredito! Quer dizer então que nem o Álvaro de Campos é natural e espontâneo, só parece? Quer dizer que é tudo falso, tudo construído?

– Construído, sim; falso, não.

– Ah, tô sabendo... O senhor vai entrar de novo com aquele papo do poeta fingidor, tipo, não sabe o que é verdade e o que é fingimento?

– Pois, está claro que sim. Mas não é isso o que importa. O que o poeta é ou deixa de ser não vem ao caso; só o que vem ao caso é o que ele parece-te a ti. Para o Álvaro de Campos, aliás, toda a angústia do homem moderno advém desse mesmo dilema: ser ou parecer. De que adianta (assim raciocina o mais moderno dos heterônimos) sermos seja lá o que for, se o que somos, afinal, é só aquilo que os outros veem em nós, ou seja, aquilo que parecemos ser?

– Por isso é que na "Tabacaria" ele diz: "Fiz de mim o que não soube, e o que podia fazer de mim não o fiz. Conheceram-me logo por quem não era e não desmenti e perdi-me. Quando quis tirar a máscara, estava pegada à cara"?

– Sem dúvida! É este o sentido desses versos admiráveis desse poema admirabilíssimo. Gostas da "Tabacaria"?

– Se gosto? Acho genial! De todos que eu li, achei o mais profundo, o mais completo. Ele diz tudo que

eu seria capaz de pensar, pra entender o que é a vida... Mas agora o senhor está me fazendo pensar numa coisa que eu não tinha pensado antes... O que o Álvaro de Campos diz não é uma falsidade, quer dizer, não é nada que ele inventou pra enganar os outros. É só uma aparência, aquilo que ele mostra, aquilo que os outros podem ver; não é bem ele, é diferente, mas não é mentira. Certo?

– Certíssimo!

– Então, o que ele é nem ele mesmo sabe, porque o que ele é, olha só, é a soma do que ele é, mais o que os outros acham que ele é, mais o que ele imaginou mas nunca chegou a ser... Nossa! Nem eu tô entendendo! O senhor sabe o que eu tô querendo dizer!

– Sim, sim! Está perfeitamente claro. Continua.

– Quer dizer, ninguém é por si só, pra si mesmo, entende? O que a gente é tem que ver com a gente e com os outros. O que é que eu sou? Eu não sou só eu; eu sou eu mais a Terê, o Bola, o Edu, a turma toda, e a minha família e todo mundo! De que adianta eu ser qualquer coisa se eles vão achar que eu sou outra? Aaaaah! Agora eu entendo... Por isso é que, na "Passagem das horas", o Álvaro de Campos diz que quer "sentir tudo de todas as maneiras, viver tudo de todos os lados, ser a mesma coisa de todos os modos possíveis ao mesmo tempo, realizar em si toda a humanidade de todos os momentos"... Muito louco, meu! Mas tô por dentro.

– A mim me parece que o compreendes perfeitamente.

– Então, já que esse lance de "realizar em si toda a humanidade" é pra lá de impossível, ele fica revoltado, quer arrebentar com tudo; ou então fica arrasado, cansado e perde toda a esperança. E às vezes ele chega até a dizer que não quer saber de ninguém, manda todo mundo pro diabo... Acho da hora aquele poema onde ele diz "Não me peguem no braço, não gosto que me peguem no braço, quero ser sozinho, já disse que sou sozinho", e depois "Vão para o diabo sem mim ou deixem-me ir sozinho para o diabo. Para que havemos de ir juntos?". É da hora!

– É, este é um dos momentos altos do Álvaro de Campos.

– Mas no fundo ele não está nada feliz assim, isolado do mundo; o que ele mais queria era ir junto, dividir com alguém... Só que ele não sabe como... Na "Passagem das horas" ele diz: "Não sei sentir, não sei ser humano, conviver de dentro da alma triste com os homens meus irmãos na terra. Não sei ser útil mesmo sentindo, ser prático, ser quotidiano, nítido, ter um lugar na vida, ter um destino entre os homens". O que ele mais queria, eu acho, é isso aí, "ter um destino entre os homens". Só assim é que a agitação dele podia terminar, pra ele se acalmar.

– Pois aí temos o senhor engenheiro Álvaro de Campos... Tu agora o conheces como se conhece a um amigo... E o que mais gostarias de saber? ... Ah, sim! Temos ainda a prometida pergunta da menina Terezinha... É um bom momento agora?

– Claro, claro! Ainda bem que o senhor lembrou, eu já ia esquecendo... Deixa eu fazer a pergunta da Terê, senão ela me mata. Ela quer saber por que o Álvaro de Campos não escreveu filosofia, em vez de escrever poesia.

– Ora, ora! Por essa eu não esperava... Aí temos uma pergunta deveras intrigante, que pode ser vista assim: já que a poesia do Álvaro de Campos abriga tão notável dose de pensamentos e ideias, por que não os expressou ele na forma de ensaios filosóficos? Mas há ainda este outro entendimento: sendo o senhor engenheiro antes filósofo que poeta, por que raios terá insistido em escrever os seus pseudopoemas?

– Ah, não! Sem essa! Pode esquecer... Eu garanto que a Terê não tem nenhuma dúvida (a gente conversou muito sobre isso), ela sabe que o Álvaro de Campos é poeta mesmo. Não, não foi isso que ela quis dizer.

– Está bem, está bem. Ficamos então só com o entendimento inicial, o que enseja uma resposta mais direta. O Campos não escreveu filosofia por não ter a disciplina necessária a esse gênero de empreitada, e também porque, nele, a ideia se expressa através da emoção. Como tal, a emoção é que lhe comanda a ideia, e não o contrário.

– Só quando a ideia comanda a emoção é que se pode ser filósofo?

– Pois, pois... Aí está! O Álvaro de Campos escreveu poesia por não poder escrever outra coisa. Os seus escritos são um extravasar de emoção, encharcada de ideias. Vale dizer espasmos desordenados e profusos de um pensamento à procura... Sabe-se lá à procura de quê!...

– Da Verdade? Do Absoluto? Tudo assim, com maiúscula...? À procura de... Deus? Vem cá, não é o que ele diz na "Ode triunfal": "Ó coisas todas modernas, ó minhas contemporâneas, forma atual e próxima do sistema imediato do Universo! Nova revelação metálica e dinâmica de Deus!"?

– Quem sabe, quem sabe... Ele próprio não o soube dizer. Alguém o saberia?

– É, o senhor tem razão. Ninguém pode saber...

– Pois, pois...

– Mas eu acho que a gente ficou por dentro do Álvaro de Campos. A turma vai se ligar ainda mais, mesmo sabendo que ele não é tão espontâneo como a gente pensou...

– Isto me alegra.

– Bom, agora só ficou faltando a última parte, a Mensagem. *Posso... Quer dizer, eu queria... Eu tenho um pedido...*

– Já imagino o que seja. Trazes aí contigo uma cópia dos poemas da *Mensagem*, os que escolheste, onde assinalaste umas dificuldades, cujas explicações queres que eu providencie, pois não?*

– Valeu!

---

* Várias das notas de rodapé, na próxima seção, foram fornecidas por Fernando Pessoa.

Recado de Marcos Siqueira (II)

Para se entender a *Mensagem*, de acordo com a explicação do Fernando Pessoa (não deixe de ler a entrevista, depois dos poemas), existem três condições prévias, mínimas. A primeira é conhecer um pouco da história de Portugal, ou pelo menos saber localizar no tempo os reis, as figuras, os navegadores e os acontecimentos mencionados em cada poema. Isso está resolvido nas notas de rodapé, poema a poema – e se não fosse o próprio poeta, acho que a gente não chegava lá. Então, é só não ter preguiça: você vai lendo os poemas e, quando encontrar algum João, algum Afonso, algum Fernando ou qualquer outra palavra diferente, é só baixar o olho até o pé da página.

A segunda condição é ter uma ideia geral do livro todo, que é pra poder localizar, na sequência, cada poema que aparece na antologia. O índice da *Mensagem* dá uma ideia da estrutura do livro. Preste atenção:

Brasão – (1) **Os Campos**: O dos Castelos, O das Quinas; (2) **Os Castelos**: Ulisses, Viriato, O Conde d. Henrique, D. Tareja, D. Afonso Henriques, D. Dinis, D. João o Primeiro, D. Filipa de Lencastre; (3) **As Quinas**: D. Duarte, D. Fernando, D. Pedro, D. João, D. Sebastião; (4) **A Coroa**: Nun'Álvares Pereira; (5) **O Timbre**: O Infante d. Henrique, D. João o Segundo, Afonso de Albuquerque.

MAR PORTUGUÊS – I. O Infante, II. Horizonte, III. Padrão, IV. O Mostrengo, V. Epitáfio de Bartolomeu Dias, VI. Os Colombos, VII. Ocidente, VIII. Fernão de Magalhães, IX. Ascensão de Vasco da Gama, X. Mar português, XI. A última nau, XII. Prece.

O ENCOBERTO – (1) **Os símbolos**: D. Sebastião, O Quinto Império, O Desejado, As ilhas afortunadas, O Encoberto; (2) **Os avisos**: O Bandarra, Antônio Vieira, 'Screvo meu livro à beira-mágoa; (3) **Os tempos**: Noite, Tormenta, Calma, Antemanhã, Nevoeiro.

Ainda não deu pra entender? Tá parecendo muito complicado? Olha, é assim: *Mensagem* é um livro dividido em três partes (taí, no índice) e cada uma delas tem um significado especial. Mas não esquente: você vai lendo os poemas, e o importante é saber em qual das partes o poema se localiza. (Em letrinha menor, debaixo de cada poema, tem o nome da parte e da subparte.) Não tenha preguiça de ler as explicações no rodapé e, depois, o que faltar entender o Fernando Pessoa explica, na entrevista.

A terceira condição é conhecer o escudo ou o brasão de Portugal, para entender as subdivisões da primeira parte (chamada justamente "Brasão"), que têm tudo a ver com o desenho do escudo. Dê uma olhada, na página anterior, no índice da primeira parte, e repare que o número de poemas, em cada subdivisão (sete castelos, cinco quinas, dois campos etc.), corresponde direitinho aos elementos que formam o desenho do escudo.

Então, a gente passou as dicas do "Brasão" para o Bola, que é o artista oficial da turma, ele fez uma baita pesquisa na biblioteca e desenhou, no capricho. Aí o Fernando Pessoa aprovou e o desenho do brasão ficou do jeito que você vê nas páginas 151 e 152 (entre parênteses, o número da parte correspondente, no índice).

Fim do segundo e último recado. Falou?

Poemas de *Mensagem*

Benedictus Dominus Noster Qui Dedit Nobis Signum

Benedictus Dominus... – latim: Bendito Nosso Senhor Que Nos Deu O Sinal.

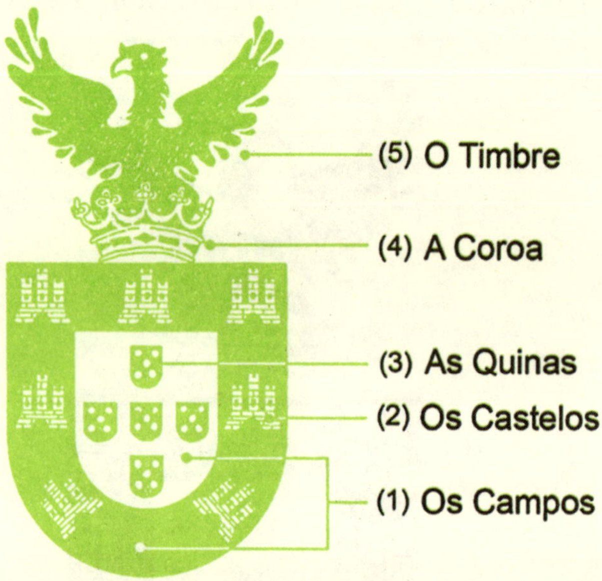
(5) O Timbre
(4) A Coroa
(3) As Quinas
(2) Os Castelos
(1) Os Campos

PRIMEIRA PARTE: BRASÃO

Bellum sine bello

Os Castelos

A Europa jaz, posta nos cotovelos:
De Oriente a Ocidente jaz, fitando,
E toldam-lhe românticos cabelos
Olhos gregos, lembrando.

O cotovelo esquerdo é recuado;
O direito é em ângulo disposto.
Aquele diz Itália onde é pousado;
Este diz Inglaterra onde, afastado,
A mão sustenta em que se apoia o rosto.

Fita, com olhar esfíngico e fatal,
O Ocidente, futuro do passado.

O rosto com que fita é Portugal.

[Os Campos / Primeiro]

Brasão – o mesmo que escudo: conjunto de símbolos que identificam uma casa real, uma família da nobreza, uma linhagem, uma cidade, uma nação etc.

Bellum sine bello – latim: guerra sem guerra.

Toldam – do verbo toldar: cobrir; em sentido figurado: tornar obscuro.

Esfíngico – relativo à esfinge; em sentido figurado: enigmático, impenetrável.

Ulisses

O mito é o nada que é tudo.
O mesmo sol que abre os céus
É um mito brilhante e mudo –
O corpo morto de Deus,
Vivo e desnudo.

Este, que aqui aportou,
Foi por não ser existindo.
Sem existir nos bastou.
Por não ter vindo foi vindo
E nos criou.

Assim a lenda se escorre
A entrar na realidade,
E a fecundá-la decorre.
Em baixo, a vida, metade
De nada, morre.

[Os Castelos / Primeiro]

O conde D. Henrique

Todo começo é involuntário.
Deus é o agente.

Ulisses – herói grego, retratado por Homero na *Ilíada* e na *Odisseia* (o nome grego de Ulisses é Odisseu). Segundo a lenda, teria sido o fundador de Lisboa, a quem deu o nome. A designação antiga da cidade, Olisipo, seria derivada de Ulisses + pona (= boa), ou seja, a boa (cidade) de Ulisses.

Conde d. Henrique – nobre e militar francês (1057-1114), natural de Borgonha, alistou-se em 1086 no exército de Afonso VI, rei de Leão e Castela, atual Espanha, para guerrear contra os mouros. Casou-se com Teresa, ou Tareja, filha bastarda desse rei, e em 1093 foi nomeado governador do Condado Portucalense, embrião do que viria a ser Portugal.

O herói a si assiste, vário
E inconsciente.

À espada em tuas mãos achada
Teu olhar desce.
"Que farei eu com esta espada?"

Ergueste-a, e fez-se.

[Os Castelos / Terceiro]

D. Dinis

Na noite escreve um seu Cantar de Amigo
O plantador de naus a haver,
E ouve um silêncio múrmuro consigo:
É o rumor dos pinhais que, como um trigo
De Império, ondulam sem se poder ver.

Arroio, esse cantar, jovem e puro,
Busca o oceano por achar;
E a fala dos pinhais, marulho obscuro,
É o som presente desse mar futuro,
É a voz da terra ansiando pelo mar.

[Os Castelos / Sexto]

Assiste – a expressão "o herói a si assiste" deve ser entendida como "o herói se observa".

D. Dinis – sexto rei de Portugal (1261-1325), fundou a primeira universidade portuguesa, em Lisboa (1290), depois transferida para Coimbra (1307), e deu grande impulso à agricultura e às letras, tornando-se ele próprio um dos principais trovadores. Conhecido como O Lavrador e O Trovador.

Cantar de amigo – ou cantiga de amigo: uma das espécies de poesia lírica medieval, em que a mulher se dirige ao "amigo" ou namorado; a outra espécie é o cantar ou cantiga de amor, em que o homem se dirige à namorada.

Múrmuro – adjetivo: murmurante; não confundir com murmúrio (substantivo), ruído confuso e constante.

Arroio – pequena corrente de água, regato.

D. Fernando, Infante de Portugal

Deu-me Deus o seu gládio, porque eu faça
A sua santa guerra.
Sagrou-me seu em honra e desgraça,
Às horas em que um frio vento passa
Por sobre a fria terra.

Pôs-me as mãos sobre os ombros e doirou-me
A fronte com o olhar;
E esta febre de Além, que me consome,
E este querer grandeza são seu nome
Dentro em mim a brilhar.

E eu vou, e a luz do gládio erguido dá
Em minha face calma.
Cheio de Deus, não temo o que virá,
Pois, venha o que vier, nunca será
Maior do que a minha alma.

[As Quinas / Segunda]

D. Fernando, Infante de Portugal – nascido em 1402 e falecido em 1443, era irmão de d. Duarte. Tomado como refém pelos mouros, em Ceuta, foi aí torturado e morto, porque o rei d. Duarte, seu irmão, se recusou a devolver Ceuta aos inimigos.

Gládio – espada curta e de dois gumes; em sentido figurado: força física ou moral.

Sagrou – do verbo sagrar: conferir um título, uma honra.

D. Sebastião, Rei de Portugal

Louco, sim, louco, porque quis grandeza
Qual a Sorte a não dá.
Não coube em mim minha certeza;
Por isso onde o areal está
Ficou meu ser que houve, não o que há.

Minha loucura, outros que me a tomem
Com o que nela ia.
Sem a loucura que é o homem
Mais que a besta sadia,
Cadáver adiado que procria?

[As Quinas / Quinta]

Afonso de Albuquerque

De pé, sobre os países conquistados,
Desce os olhos cansados
De ver o mundo e a injustiça e a sorte.
Não pensa em vida ou morte,
Tão poderoso que não quer o quanto
Pode, que o querer tanto

D. Sebastião – filho do príncipe d. João, nasceu em 1554. Com a morte do rei d. João III, em 1568, foi declarado maior e subiu ao trono. Realizou uma primeira expedição africana, a Tânger e Ceuta, em 1573, e em seguida arremeteu contra Abd al-Malik, no norte da África, vindo a desaparecer na batalha de Alcácer-Quibir, em 1578. Conhecido como o Desejado ou o Encoberto. É a figura central do mito sebastianista.

Quinas – conjunto de cinco pequenos escudos, dispostos em forma de cruz, na bandeira e no brasão de Portugal; representam as chagas de Cristo.

Afonso de Albuquerque – navegador (1435-1515), assumiu o vice-reinado da Índia, em 1509, e planejou fundar um imenso império português no Oriente. Conquistou Ormuz, Goa e Málaca.

Calcara mais do que o submisso mundo
Sob o seu passo fundo.
Três impérios do chão lhe a Sorte apanha.
Criou-os como quem desdenha.

[O Timbre / A outra asa do Grifo]

Timbre – insígnia ou outro elemento que se coloca na parte superior de um brasão, para representar ação gloriosa e enobrecedora.

Grifo – animal fabuloso, cabeça e asas de águia, garras de leão, acompanha Apolo e tem por missão guardar os tesouros da Terra. Também é associado a Dioniso, figurando então como protetor dos vinhos e dos prazeres.

SEGUNDA PARTE: MAR PORTUGUÊS

Possessio maris

O Infante

Deus quer, o homem sonha, a obra nasce.
Deus quis que a terra fosse toda uma,
Que o mar unisse, já não separasse.
Sagrou-te, e foste desvendando a espuma,

E a orla branca foi de ilha em continente,
Clareou, correndo, até ao fim do mundo,
E viu-se a terra inteira, de repente,
Surgir, redonda, do azul profundo.

Quem te sagrou criou te português.
Do mar e nós em ti nos deu sinal.
Cumpriu-se o Mar, e o Império se desfez.
Senhor, falta cumprir-se Portugal!

[I]

Possessio maris – latim: a posse dos mares.

O Infante – o infante d. Henrique (1394-1460), conhecido como O Navegador, filho de d. João I, o Mestre de Avis, participou da tomada de Ceuta e empenhou-se a fundo na expansão marítima. Teria sido o fundador, em Sagres, de uma escola de navegação dotada de observatório astronômico e estaleiros.

Padrão

O esforço é grande e o homem é pequeno.
Eu, Diogo Cão, navegador, deixei
Este padrão ao pé do areal moreno
E para diante naveguei.

A alma é divina e a obra é imperfeita.
Este padrão sinala ao vento e aos céus
Que, da obra ousada, é minha a parte feita:
O por fazer é só com Deus.

E ao imenso e possível oceano
Ensinam estas Quinas, que aqui vês,
Que o mar com fim será grego ou romano:
O mar sem fim é português.

E a Cruz ao alto diz que o que me há na alma
E faz a febre em mim de navegar
Só encontrará de Deus na eterna calma
O porto sempre por achar.

[III]

Mar português

Ó mar salgado, quanto do teu sal
São lágrimas de Portugal!

Padrão – marco, monumento de pedra, que os navegadores erguiam nos locais conquistados.

Diogo Cão – um dos grandes navegadores: de suas expedições a Mina, Zaire e Congo, entre 1482 e 1484, por ordem de d. João II, resultaram os conhecimentos que permitiram a grande viagem de Vasco da Gama às Índias.

Sinala – do verbo sinalar: o mesmo que assinalar, marcar.

Por te cruzarmos, quantas mães choraram,
Quantos filhos em vão rezaram!
Quantas noivas ficaram por casar
Para que fosses nosso, ó mar!

Valeu a pena? Tudo vale a pena
Se a alma não é pequena.
Quem quer passar além do Bojador
Tem que passar além da dor.
Deus ao mar o perigo e o abismo deu,
Mas nele é que espelhou o céu.

[X]

A última nau

Levando a bordo El-Rei D. Sebastião,
E erguendo, como um nome, alto o pendão
Do Império,
Foi-se a última nau, ao sol aziago,
Erma, e entre choros de ânsia e de pressago
Mistério.

Não voltou mais. A que ilha indescoberta
Aportou? Voltará da sorte incerta
Que teve?

Bojador – cabo da costa ocidental da África, a noroeste do deserto do Saara, foi durante anos o limite das navegações. Gil Eanes o ultrapassou em 1434.

Pendão – bandeira, estandarte.

Aziago – que traz má sorte, azarado.

Pressago – adjetivo: que intui, pressente ou prevê (compare com o substantivo "presságio": pressentimento, premonição).

Deus guarda o corpo e a forma do futuro,
Mas Sua luz projeta-o, sonho escuro
E breve.

Ah, quanto mais ao povo a alma falta,
Mais a minha alma atlântica se exalta
E entorna,
E em mim, num mar que não tem tempo ou 'spaço,
Vejo entre a cerração teu vulto baço
Que torna.

Não sei a hora, mas sei que há a hora,
Demore-a Deus, chame-lhe a alma embora
Mistério.
Surges ao sol em mim, e a névoa finda:
A mesma, e trazes o pendão ainda
Do Império.

[XI]

PRECE

Senhor, a noite veio e a alma é vil.
Tanta foi a tormenta e a vontade!
Restam-nos hoje, no silêncio hostil,
O mar universal e a saudade.

Mas a chama, que a vida em nós criou,
Se ainda há vida ainda não é finda.
O frio morto em cinzas a ocultou:
A mão do vento pode erguê-la ainda.

Entorna – do verbo entornar: fazer transbordar, derramar.

Finda – nos versos "Mas a chama, que a vida em nós criou, / Se ainda há vida ainda não é finda", deve-se entender "é finda" como "terminou", isto é, "a chama... ainda não terminou".

Dá o sopro, a aragem – ou desgraça ou ânsia –,
Com que a chama do esforço se remoça,
E outra vez conquistemos a Distância –
Do mar ou outra, mas que seja nossa!

[XII]

TERCEIRA PARTE: O ENCOBERTO

Pax in Excelsis

O Quinto Império

Triste de quem vive em casa,
Contente com o seu lar,
Sem que um sonho, no erguer de asa,
Faça até mais rubra a brasa
Da lareira a abandonar!

Triste de quem é feliz!
Vive porque a vida dura.
Nada na alma lhe diz
Mais que a lição da raiz –
Ter por vida a sepultura.

Eras sobre eras se somem
No tempo que em eras vem.
Ser descontente é ser homem.
Que as forças cegas se domem
Pela visão que a alma tem!

E assim, passados os quatro
Tempos do ser que sonhou,
A terra será teatro

O Encoberto – d. Sebastião.

Pax in Excelsis – latim: paz nas alturas.

Quinto Império – Nabucodonosor (1127-1105 a.C.), rei da Babilônia, sonhou com os quatro grandes impérios da humanidade, representados por metais: ouro, Babilônia; prata, Pérsia; bronze, Grécia; ferro, Roma. Segundo o profeta Daniel, o sonho anunciava que em seguida viria o império definitivo de Cristo na Terra, o Quinto Império. O Padre Antônio Vieira foi o primeiro a associar essa profecia às visões do sapateiro Bandarra, dando início ao mito do sebastianismo: Cristo e d. Sebastião, irmanados, voltarão à Terra para fundar o Quinto Império. (Na entrevista, Fernando Pessoa explica isso direitinho.)

Do dia claro, que no atro
Da erma noite começou.

Grécia, Roma, Cristandade,
Europa – os quatro se vão
Para onde vai toda idade.
Quem vem viver a verdade
Que morreu D. Sebastião?

[Os Símbolos / Segundo]

O Desejado

Onde quer que, entre sombras e dizeres,
Jazas, remoto, sente-te sonhado,
E ergue-te do fundo de não seres
Para teu novo fado!

Vem, Galaaz com pátria, erguer de novo,
Mas já no auge da suprema prova,
A alma penitente do teu povo
À Eucaristia Nova.

Mestre da Paz, ergue teu gládio ungido,
Excalibur do Fim, em jeito tal

Atro – escuridão.

Erma – desacompanhada, solitária; desabitada, deserta.

O Desejado – d. Sebastião.

Galaaz – ou Galaad, terceiro irmão do rei Artur, um dos heróis da Távola Redonda, é o cavaleiro sem pecado, que por isso teve o privilégio de encontrar o Santo Graal.

Ungido – investido de autoridade, tornado mais puro.

Excalibur – aparece nas lendas dos Cavaleiros da Távola Redonda; é a espada mágica, enterrada numa pedra, não se sabe desde quando nem por quem, e que só os cavaleiros muito puros seriam capazes de arrancar e usar.

Que sua Luz ao mundo dividido
Revele o Santo Gral!

[Os Símbolos / Terceiro]

As ilhas afortunadas

Que voz vem no som das ondas
Que não é a voz do mar?
É a voz de alguém que nos fala,
Mas que, se escutarmos, cala,
Por ter havido escutar.

E só se, meio dormindo,
Sem saber de ouvir ouvimos,
Que ela nos diz a esperança
A que, como uma criança
Dormente, a dormir sorrimos.

São ilhas afortunadas,
São terras sem ter lugar,
Onde o Rei mora esperando.
Mas, se vamos despertando,
Cala a voz, e há só o mar.

[Os Símbolos / Quarto]

Santo Gral – ou Santo Graal: vaso de esmeraldas em que José de Arimateia teria colhido o sangue de Cristo na cruz. Lendas medievais, ligadas à Távola Redonda e ao rei Artur, falam dos esforços dos cavaleiros por encontrar o Santo Vaso (*A demanda do Santo Graal* é a mais famosa das novelas de cavalaria). Passou a ser símbolo da Eucaristia.

O Bandarra

Sonhava, anônimo e disperso,
O Império por Deus mesmo visto,
Confuso como o Universo
E plebeu como Jesus Cristo.

Não foi nem santo nem herói,
Mas Deus sagrou com Seu sinal
Este, cujo coração foi
Não português mas Portugal.

[Os Avisos / Primeiro]

['Screvo meu livro à beira-mágoa]

'Screvo meu livro à beira-mágoa.
Meu coração não tem que ter.
Tenho meus olhos quentes de água.
Só tu, Senhor, me dás viver.

Só te sentir e te pensar
Meus dias vácuos enche e doura.
Mas quando quererás voltar?
Quando é o Rei? Quando é a Hora?

Bandarra – Gonçalo Eanes de Bandarra, natural de Trancoso, concelho da Guarda, sapateiro humilde e poeta popular. É autor de trovas de sentido obscuro (muitas delas supõe-se que nem tenham sido escritas por ele), que profetizam graves eventos políticos e, segundo muitos, a volta de d. Sebastião. Essas trovas, de meados do século XVI, estão na origem do mito sebastianista, isto é, a crença de que d. Sebastião vai voltar.

Vácuos – na expressão "meus dias vácuos", a palavra está empregada como adjetivo: vazios, ocos.

Quando virás a ser o Cristo
De a quem morreu o falso Deus,
E a despertar do mal que existo
A Nova Terra e os Novos Céus?

Quando virás, ó Encoberto,
Sonho das eras português,
Tornar-me mais que o sopro incerto
De um grande anseio que Deus fez?

Ah, quando quererás, voltando,
Fazer minha esperança amor?
Da névoa e da saudade quando?
Quando, meu Sonho e meu Senhor?

[Os Avisos / Terceiro]

Tormenta

Que jaz no abismo sob o mar que se ergue?
Nós, Portugal, o poder ser.
Que inquietação do fundo nos soergue?
O desejar poder querer.

Isto, e o mistério de que a noite é o fausto...
Mas súbito, onde o vento ruge,
O relâmpago, farol de Deus, um hausto
Brilha, e o mar 'scuro 'struge.

[Os Tempos / Segundo]

Soergue – do verbo soerguer: erguer um pouco, levantar.
Fausto – grande pompa, luxo.
Hausto – aspiração longa e profunda.
'Struge – do verbo estrugir: soar ou vibrar fortemente.

Nevoeiro

Nem rei nem lei, nem paz nem guerra,
Define com perfil e ser
Este fulgor baço da terra
Que é Portugal a entristecer –
Brilho sem luz e sem arder,
Como o que o fogo-fátuo encerra.

Ninguém sabe que coisa quer.
Ninguém conhece que alma tem,
Nem o que é mal nem o que é bem.
(Que ânsia distante perto chora?)
Tudo é incerto e derradeiro.
Tudo é disperso, nada é inteiro.
Ó Portugal, hoje és nevoeiro...

É a Hora!

Valete, Fratres.

[Os Tempos / Quinto]

Fogo-fátuo – luz que aparece à noite, emanada de terrenos pantanosos ou de sepulturas; em sentido figurado: falso brilho, glória passageira.

Valete, Fratres – latim: valei, irmãos – saudação usual entre os adeptos da seita rosa-cruz.

Triste de quem é feliz

– Pra ser sincero, a primeira vez que eu li a Mensagem, *acho que não entendi nada, parecia um negócio, assim, misterioso demais, cheio de segredos, um mundo diferente... É claro que eu adorei um monte de versos soltos, tipo "o mito é o nada que é tudo", "sem a loucura que é o homem mais que a besta sadia, cadáver adiado que procria?", "o mar sem fim é português", "tudo vale a pena se a alma não é pequena", "triste de quem é feliz", "ser descontente é ser homem", "ninguém sabe que coisa quer, ninguém conhece que alma tem", e muitos mais. Beleza pura! Cada verso desses é pra gente ficar pensando, pensando... Todos eles parece que dizem uma coisa mas estão dizendo outra... Sei lá! Agora, entender, entender mesmo, eu não entendi nada...*

– Ah, não! Com isso já não posso concordar. Se fosse como dizes, não serias capaz de destacar, com precisão de analista experimentado, exatamente esses, que porventura serão alguns dos versos mais felizes, mais densos de sentido, do livro todo...

– É mesmo? Verdade isso? Bom, só se adivinhação valer...

– Sim senhor! E isto só confirma que a verdade sabe-se ou adivinha-se. Não há outro meio de se chegar a ela.

– Bom, mas o que eu queria dizer é que foi só a primeira vez. Quando eu li de novo, depois das dicas que o senhor deu, aí tudo começou a fazer sentido, feito uma sala escura onde de repente acende a luz. Mas vamos ver se eu entendi mesmo?

– Vamos lá.

– Primeiro, tudo se baseia na história de Portugal. Quem não souber que o conde d. Henrique ganhou o Condado Portucalense, e depois vieram os reis de Portugal, como d. Dinis, d. Fernando, d. Sebastião; quem não souber quem foi Afonso de Albuquerque ou Diogo Cão, nem o que é Padrão, Bandarra, o Quinto Império, o Encoberto e por aí vai; quem não souber nada disso (como eu, como a turma toda) vai dançar feio, não vai entender do que é que o livro está falando. Se o senhor não tivesse explicado, não sei se um dia eu ia chegar lá.

– Mas chegaste, e isto é o que vale. E é preciso lembrar que o livro é dividido em partes e subpartes. A primeira é o "Brasão", que se subdivide em: Os Campos, Os Castelos, As Quinas, A Coroa e O Grifo. Depois temos o "Mar português", sem subdivisões, só com os seus doze poemas. E a terceira parte é "O Encoberto", formada por: Os Símbolos, Os Avisos e Os Tempos.

– É, eu já tinha dado esse recado... Mas, por falar nisso, as divisões e subdivisões quase só têm número ímpar: o três, o cinco, o sete. A exceção é "O mar português", doze poemas, número par. Foi de propósito?

– Ah, sim, com certeza. Nada disso foi confiado às manhas do acaso... Vamos lá. Há para aí, nisso dos números e das quantidades, um significado talvez heráldico, talvez histórico, ou simbólico. Falemos dos números e seus significados. Para além do número um, que não conta, porque é a unidade primordial, indivisível, e portanto figura o imobilismo, os números ímpares representam o dinamismo, a transformação e a mudança, a multiplicação ao infinito das relações entre eles; já os pares querem dizer simetria, eliminação das tensões, conquista de equilíbrio...

– Até aí, tô entendendo... Mas o que que isso tem a ver com o livro?

– Tem, tem... Chega-se lá. Repara que a divisão em partes corresponde às três etapas da história de Portugal. A primeira, o "Brasão", remete às origens da nacionalidade e inclui não só fatos históricos mas também lendas como a do Ulisses e a do Viriato. Reforça-se aí a vocação religiosa do povo português, simbolizada nas quinas do interior do escudo, que são cinco (as cinco chagas de Cristo) e formam uma cruz. E esta parte se subdivide numa quantidade de outras, com predomínio dos números ímpares – por quê? Porque foi um período difícil, de muita luta, sacrifício e incerteza. Nessa época, a alma portuguesa foi toda dinamismo, transformação e mudança (lembra-te dos números ímpares, a multiplicação ao infinito). Tais

Heráldico – relativo a brasão, armas e outros distintivos de aristocracia e nobreza.

Figura – do verbo figurar: fazer a figura de, desenhar, representar.

Viriato – pastor montanhês, lutou sob as ordens de Hermínio, chefe da resistência lusitana (dos "lusos", antigos habitantes da península ibérica, de quem os portugueses adotaram o nome), na época da invasão romana, antes de Cristo. É considerado uma espécie de proto-herói português.

características então permitiram que Portugal evoluísse do nada para o apogeu dos Descobrimentos.

– *Ah, agora entendi... E o resto?*

– A segunda parte, então, detém-se nesse apogeu, vale dizer o desbravamento dos oceanos, os Descobrimentos, a posse das terras, a formação de um grande império. Por isso é que "O mar português" não tem subdivisões: nessa altura, à alma portuguesa bastou atingir o ponto máximo de sua evolução e ampliar, horizontalmente, pelos mares, o domínio de Portugal. Daí a presença gloriosa e harmônica dos doze poemas, número par, a representar a conquista do equilíbrio e da estabilidade.

Batalha de Alcácer-Quibir

– *Além da relação com os doze meses do ano, os signos do zodíaco etc. Agora faz sentido...*

– Pois, pois... Acontece que, tendo chegado ao seu apogeu, era natural que a nação não o sustentasse por muito tempo. O ponto máximo coincidiu com o começo do fim, a reviravolta negativa, a decadência – que tem início com o desaparecimento de d. Sebastião, em África. Daí então a terceira parte, dedicada ao Rei Desaparecido, "O Encoberto", novamente dominada pelas quantidades ímpares, com seus temores e presságios, suas tensões e desequilíbrios, suas incertezas e esperanças. Após a derrocada de Alcácer-Quibir, em 1578, a alma portuguesa nunca mais recobrou a sua altivez, mas anseia por ela. É disso que trata a terceira parte da *Mensagem*. Compreendes?

– *Tudinho! Isso aí eu entendi tudo... Mas ainda ficou uma dúvida, quer dizer, um monte de dúvidas, sei lá! Uma delas é assim... Só que, antes (nem sei por que é que me lembrei disso agora), tudo bem se a gente escrever "esfíngico", em vez de "sphyngico", ou "mito" em vez de "mytho"?*

– Para ser franco, não aceito como boa a ortografia oficial. Mas, já que isto são só ornamentos, vá lá que com esta eu, temporariamente, me conforme, para conveniência imediata, por igual do tipógrafo e do leitor... Mas dize-me lá, qual era a dúvida?

– *Seguinte. Se o desenho do brasão tem o campo dos Castelos, o campo das Quinas, depois a Coroa e ainda o Grifo, por que só as quinas têm um significado especial, as chagas de Cristo, na cruz, conforme o senhor explicou? As outras partes do escudo não têm um significado especial também? Eu acho que devem ter. O senhor podia explicar?*

– Que têm o seu significado, lá isso têm. Como não haviam de o ter? E até que são bem simples. Os castelos representam a proteção de Portugal, são as sete fortalezas e cidadelas do país antigo, e estão do lado de fora (repara no desenho do teu amigo Bola), a guardar, bem guardados, a alma e o coração da Nação, ali representados nas cinco chagas do sonho de d. Afonso Henriques. A coroa é a realeza da Nação, que nasceu para ser império soberano. E, a encimar o escudo, temos o grifo alado, animal fabuloso que acompanha Apolo e tem por missão guardar todos os tesouros da Terra... Isto desfaz a dúvida?

Rei d. Sebastião

– Melhorou bem...

– E quais são as outras dúvidas?

– Nossa, um monte! Se eu falar todas, a gente não sai daqui hoje... Mas deixa eu tentar. O assunto do Quinto Império... Eu entendi a história da profecia da Bíblia, o império de Cristo na Terra, a volta de d. Sebastião. Até aí, tudo bem. Mas lá no poema que explica isso, o "Quinto Império", o senhor fala em: Grécia, Roma, Cristandade e Europa. Então, o quarto império, a "Europa", vem depois da "Cristandade"? Como assim? Está muito confuso, não entendi.

– Tens razão, confuso está, ou confuso parece. Mas sempre haverás de perceber. Repara bem. Estes cinco impérios partem, com a civilização em que vivemos, do império espiritual da Grécia, origem do que espiritualmente somos. O segundo império é o de Roma, que não é, claro está, a capital da moderna Itália, mas a sede do antigo império romano, ainda pagão – já decadente, mas ainda pagão. Depois vem o terceiro, a Cristandade, que, a partir do século I da nossa era, vai aos poucos deixando de ser cristianismo para tornar-se "cristismo". Lembras-te da explicação que tivemos, a propósito das odes do doutor Ricardo Reis?

– Claro, claro! Agora estou ligando as coisas... Continua.

D. Afonso Henriques – filho de Henrique de Borgonha e de d. Tareja, nasceu em 1111 e morreu em 1185. Segundo a lenda, Cristo apareceu-lhe em visão às vésperas da batalha de Ourique (1139), travada contra os castelhanos, e que deu origem a Portugal. A visão foi inscrita no primeiro escudo de armas português, na forma das cinco quinas.

Apolo – deus do Sol, na mitologia grega.

– Pois bem, que Europa é essa? Só pode ser a Europa laica, de depois da Renascença, a Europa colonial, das grandes potências a exercer o seu implacável domínio sobre as nações mais fracas. Nós, portugueses, demos início ao processo, com as navegações dos séculos XV e XVI, mas pusemos tudo a perder: deixamos que a Inglaterra tomasse conta do mundo. Essa Europa, portanto, já não é um império pagão nem propriamente cristão: é o império das guerras e da destruição, da desumanização do que em nós restou de humanidade, da entronização do materialismo predatório, que se apossou do arremedo de civilização em que vivemos; por isso estamos no limite da mais funda decadência e, portanto, no limiar do quinto e último dos impérios, que haverá de redimir-nos.

Mapa de Lisboa no tempo dos Descobrimentos

– Nossa! O senhor não imagina como ficou mais claro! Acho que agora posso dizer que entendi a mensagem da Mensagem... O senhor sabe o que eu tô querendo dizer... Mas, vem cá, é por isso que, lá no primeiro poema, o senhor fala dos "olhos gregos" da Europa, e diz que o rosto da Europa é Portugal, olhando o "futuro do passado". Se os olhos de Portugal (e da Europa) são gregos, isso quer dizer que o quinto império vai ser uma volta aos tempos antigos, às origens? O tempo dos gregos...

– Perfeitamente. Estás a perceber, e muito bem, o que há de ser percebido.

– Tá, tá... Agora, eu não sei se está certo, mas estou achando que o livro fala ao mesmo tempo de Portugal e de todas as pessoas, fala de um jeito que fica valendo para todo mundo. Por exemplo, quando o d. Sebastião (é ele quem fala aí, né?) diz "sem a loucura que é o homem mais que a besta sadia, cadáver adiado que procria?", não é só do caso dele que ele está falando, mas de qualquer um. Por isso ele diz "o homem", que significa qualquer ser humano. É por aí?

Laica – não religiosa, independente do clero e da Igreja, relativa ao mundo profano e à vida terrena.

Renascença – ou Renascimento, movimento de renovação artística e cultural que nasceu na Itália no século XV e se espalhou pela Europa no século seguinte.

– Perfeitamente! A alma portuguesa é só um exemplo de (ou o caminho para a) alma de todo ser humano. Viste-o bem! Como poderás ver, também, a mesma generalização para o comum da humanidade, naqueles versos que dizem: "Triste de quem vive em casa, contente com o seu lar", ou "Triste de quem é feliz", ou ainda, a resumir tudo, "Ser descontente é ser homem". Estes versos falam, claro está, de d. Sebastião e dos portugueses, do passado e do presente, mas falam também de toda a humanidade.

– *Entendi, entendi. Legal! Mas como é que fica o nacionalismo, o amor à pátria, se o senhor divide isso com todo mundo?*

– O que posso dizer-te, em reforço do que já antes dissera, é que a *Mensagem* enfeixa, de certo, todo o meu sentimento patriótico. Mas o que vem a ser, em mim, e para mim, este sentimento? É o sentimento de que não existem, na vida humana, senão três realidades sociais: o Indivíduo, a Nação, a Humanidade. Tudo o mais é ficção. São ficções a Família, a Religião, a Classe. É ficção o Estado. O Indivíduo e a Humanidade são lugares; a Nação, o caminho entre eles. É através da fraternidade patriótica, fácil de sentir a quem não seja degenerado, que gradualmente nos sublimamos, ou podemos sublimar-nos, até à fraternidade com todos os homens.

– *Beleza! E é por isso que o livro termina com aquela saudação em latim* "Valete, Fratres"? "Fratres" *quer dizer "irmãos", é o sentimento da fraternidade, né?*

– Exatamente! A fraternidade universal será o ponto de chegada do árduo caminho cujo ponto de partida é o sentimento intensamente patriótico. E tal sentimento, em que consiste? É o valorizar em nós o Indivíduo que somos, e fazer o possível por que se valorizem os nossos compatriotas, para que assim a Nação, que é a suma viva dos indivíduos que a compõem, e não o amontoado de pedras e areia que compõem o seu território, possa orgulhar-se de nós, que, porque ela nos criou, somos seus filhos, e seus pais, porque a vamos criando.

– *Quer dizer, para ter orgulho do país, o indivíduo precisa se orgulhar dele mesmo, certo? E vice-versa, um não acontece sem o outro. E não adianta nada o cara se orgulhar dos heróis do passado, porque aí ele só vai ficar acomodado, feliz e satisfeito. E então para, desiste, não faz mais nada... Vem cá, eu tava pensando... Me diz uma coisa: isso aí pode valer pra mim também?*

– Por que não? De certo valerá... Mas, se não for nenhum segredo, diz-me lá em que estavas a pensar.

– *Segredo? Não, nada disso! É que pode ser meio bobagem, sei lá. Bom, seguinte. O que eu tava pensando é que eu não preciso ser nenhum herói, não preciso descobrir nenhum caminho marítimo para as*

Sublimamos – do verbo sublimar: engrandecer, elevar; distinguir-se, sobressair-se.

Suma – soma, resumo, substância.

Índias, feito o Vasco da Gama, pra sentir um pouco de orgulho... É como o senhor explicou um dia desses: ganhar é perder...

– Ora bem! Isto é que são verdades... Mas onde querias chegar?

– É que, sei lá... O senhor não vai zoar? Então, assim, ó: eu acho que já conquistei alguma coisa, alguma coisinha, tanto faz. Esse prêmio que eu ganhei no colégio, por exemplo... Mas se eu ficar muito orgulhoso disso, só vou me ferrar. Vou ficar acomodado, vou... vou entrar em decadência... (É só uma piadinha, desculpe.) O senhor acha que é por aí?

– Sem dúvida! Percebeste-o melhor do que era de esperar... Continua, continua!

– É, eu não posso ficar acomodado... Taí! Agora está tudo claro. "Triste de quem é feliz", é claro! Se eu não seguir sempre em frente, vou ser só mais um "cadáver adiado que procria". Muito lógico! Meu! Eu não sabia que era tão simples assim...

– Estás a ver? Para quem começou por admitir que não entendeu nada, chegares a isso é uma mudança e tanto, não é mesmo?

– Se é!...

– E então, prosseguimos?

– Prosseguir? Sei lá... Eu não tenho mais nada pra perguntar... Gozado, primeiro eu não via a hora de acabar. Depois, nem senti o tempo passar. Agora estou meio triste: a entrevista acabou... Olha, eu trouxe um presente pro senhor. É... Como é que eu vou dizer? É um poema novo do Fernando Pessoa... que a gente bolou – eu e a Terê. O título é "Quem eu sou". O senhor quer ouvir? É assim, ó:

Nem sempre consigo sentir o que sei que devo sentir.
(O que em mim sente 'stá pensando.)
Nada sou, nada posso, nada sigo,
Eu simplesmente sinto com a imaginação,
Não uso o coração:
Meu coração é um balde despejado.

Não sou nada,
Nunca serei nada,
Não posso querer ser nada.
Que sei eu do que serei, eu que não sei o que sou?
Cheio de Deus, não temo o que virá,
Pois, venha o que vier, nunca será

Vasco da Gama – o mais célebre dos navegadores portugueses (1468-1524), herói de *Os Lusíadas*, de Luís de Camões, comandou a frota que deixou o Tejo em 1497, a mando de d. Manuel, e, cerca de um ano depois, completou a primeira viagem marítima às Índias.

Maior do que a minha alma.
Sinto que quem sou e quem fui são sonhos diferentes.
E eu era feliz? Não sei: fui-o outrora agora.

Não gosto que me peguem no braço, quero ser sozinho.
Mais nada à vida peço do que ser o seu vizinho.
Pouco me importa amor ou glória.
A riqueza é um metal, a glória um eco
E o amor uma sombra.
Logo que a vida me não canse,
Deixo que a vida por mim passe:
Sou estrangeiro aqui como em toda a parte.

Se eu casasse com a filha da minha lavadeira,
Talvez fosse feliz.
Mas, ah, triste de quem vive em casa,
Contente com o seu lar.
Triste de quem é feliz.
À parte isso, tenho em mim todos os sonhos do mundo,
Porque eu amo infinitamente o finito,
Porque eu desejo impossivelmente o possível,
Porque eu quero tudo, ou um pouco mais, se puder ser,
Ou até se não puder ser.
Sim, sei bem que nunca serei alguém,
Sei de sobra que nunca terei uma obra.
Sei, enfim, que nunca saberei de mim.
Mas ainda assim
Sou alguém, sou o Descobridor da Natureza,
Sou o *Argonauta* das sensações verdadeiras:
Passo e fico, como o Universo.

– Esplêndido! Esplêndido! Aí está o Fernando Pessoa todo, para além do que eu próprio seria capaz de imaginar. Obrigadíssimo! Agradeço-te de coração, a ti e à tua amiga Terezinha.

– Que que é isso! De nada!... Quem não podia imaginar era eu, que ia ser tão legal assim fazer essa pesquisa, ler todos os poemas, conversar com o senhor, esclarecer as dúvidas... Foi bom demais! Olha, amigo (posso chamar o senhor de amigo, não?), muito obrigado, mas muito obrigado, mesmo! *Valeu! Até mais!*

Ao leitor

O livro que você acaba de ler – uma antologia comentada – não é o primeiro, desse tipo, que eu já fiz. Sempre gostei de poesia (tem sido o meu gênero literário preferido, desde sempre) e tive a oportunidade de organizar várias coletâneas de poetas que admiro, como Vinícius de Moraes, João Cabral e outros. Mas, apesar de admirar igualmente a todos, nunca cheguei a experimentar, em relação a nenhum deles, o mesmo grau de afinidade que já fui sentindo ao ler Fernando Pessoa pela primeira vez, aos 14, 15 anos – uma afinidade que foi-se renovando e fortalecendo, à medida que os anos (muitos) passavam e as releituras (perdi a conta) prosseguiam.

Com isso, o poeta português passou naturalmente a fazer parte da minha vida, tornando-se para mim tão familiar como as pessoas do meu convívio próximo. Por isso, nunca tive dificuldade em imaginar o grande poeta como personagem, uma pessoa (sem trocadilho) como qualquer um de nós. Daí, não hesitei em convocá-lo para este livro e apresentá-lo ao Marcos Siqueira.

É esse mesmo, aliás, o destino que sempre concebi para a literatura, em geral, e para a poesia em particular: aquilo que, de início, não passa de fantasia inventada pelo escritor tende a se transformar em realidade, filtrado pela consciência e pela sensibilidade de cada leitor. Um dos caminhos é a fantasia ou a ficção paralela, que a gente pode criar, a partir dos poetas e da poesia. Por falar nisso, em certos momentos (você não acha?), a ficção chega até a parecer mais real do que muita coisa que nos cerca... No meu caso, pelo menos, tem sido assim: realidade e ficção não são compartimentos isolados, são vasos comunicantes. Assim, ao conceber esta antologia, dirigida a jovens leitores, eu me senti à vontade para recorrer a uma boa dose de imaginação, mais ou menos livre – ousadia a que talvez não me arriscasse, se o poeta fosse outro.

Você deve ter reparado: meu nome aparece na capa do livro e em uma das primeiras páginas, depois desaparece. O único nome que você viu aí, fora o do poeta, foi o de Marcos Siqueira. Então (desculpe-me ter tentado esconder a verdade, até aqui), agora posso confessar que Marcos Siqueira, Ana Tereza González, o Colégio Novo Mundo, o primeiro lugar no concurso etc. é tudo invenção minha, nada disso existe. Mas bem que poderia existir, embora eu já não possa dizer o mesmo da transformação do poeta em personagem – de viva voz, a conversar com meu amigo Marquinho (assim que o inventei, nos tornamos amigos de infância). Nesse lance da entrevista, reconheço, a imaginação voou longe... Mesmo assim, achei que uma entrevista como essa era preferível a um prefácio convencional, uma introdução crítica, notas explicativas etc. Você não acha, também?

Fernando Pessoa é um poeta difícil e complicado? É, não vou negar... Principalmente o Ricardo Reis e a *Mensagem*... E isso não quer dizer que as outras partes da obra sejam fáceis, não é mesmo? Então, confirmo: Pessoa é um poeta difícil. Mas, se não fosse assim, alguém estaria interessado nele a vida toda, como tantos críticos e leitores? Além disso, qual poeta (bom poeta, quero dizer) não é pelo menos um pouco difícil? Daí, acho natural o leitor precisar de uma ajuda – do crítico, do professor, de algum amigo mais experiente. Eu muitas vezes precisei, procurei e encontrei; e continuo a precisar; e não tenho vergonha de ir atrás (você sabe: críticos, professores, amigos mais experientes), sempre que tenho a sorte de desconfiar que não entendi, ou entendi mal, determinada obra literária.

E achei que a ajuda, no caso, seria mais espontânea e mais convincente se brotasse do olhar do meu amigo Marcos Siqueira, com a colaboração do próprio poeta; muito melhor, pensei, do que a falação professoral do crítico literário, que de algum modo eu também sou. Imaginei que você, leitor, já estaria cochilando na segunda ou terceira página de um daqueles prefácios, e nunca chegaria à introdução, às notas explicativas etc. Pior: nunca chegaria à poesia de Fernando Pessoa.

Mas eu lhe garanto: as interpretações que vão surgindo, ao longo da entrevista imaginária, não ficam nada a dever àquilo que eu diria, se optasse pela forma dos comentários "profissionais". A única diferença, embora não seja uma diferença desprezível, seria o tom. Estou certo de que, se tivesse sido consultado, você não hesitaria: prefiro o tom do Marquinho.

Nossa intenção, minha e do Marcos, foi uma só: passar a você pelo menos um pouco do entusiasmo que eu e ele nutrimos pelo poeta português, acompanhado de algumas boas razões para que não seja um entusiasmo gratuito e passageiro.

Para encerrar, uma explicação. O "meu" Fernando Pessoa, isto é, o poeta-personagem, entrevistado pelo Marquinho, se baseia na obra do escritor, e numa quantidade de pesquisas que eu venho fazendo há muitos anos. Não é "real", no sentido concreto da palavra, mas tem apoio na realidade. E o Marquinho? O entrevistador que eu inventei se baseia em quê? Bem, para resumir, eu fiz o possível para que ele se parecesse... com você, com todos os leitores deste livro. Mas é claro que o Marcos Siqueira é um caso especial.

Primeiro, ele gosta muito, mas muito mesmo, de ler: lê de tudo, está sempre com um livro na mão. E nem por isso deixa de gostar das coisas de que você, por exemplo, e a turma dele também gostam. Uma das consequências de ler tanto é que ele escreve muito bem: escrever é com ele mesmo. Segundo, antes de ir entrevistar o poeta, o Marcos se preparou para valer: leu tudo o que foi possível, de e sobre Fernando Pessoa. Foi assim, aliás, que ele ganhou o concurso no colégio dele, lembra? Por isso é que ele brilhou: ele sabia do que estava falando, fez perguntas inteligentes – sem esquecer (justiça seja feita) que a Terezinha ajudou e a classe toda participou. O Marcos gosta de aparecer e não abriu mão de ir sozinho entrevistar o poeta, já que era um direito dele, por causa do concurso. (A Terê, que aliás é meio tímida, ficou em segundo.) Mas ele não é bobo nem nada: pediu a ajuda da amiga, reconheceu a qualidade da colaboração dela, e aceitou numa boa as sugestões do resto da turma.

Explicado isso, posso ir direto à conclusão: nada impede que você faça a mesma coisa, do seu jeito. É só encontrar um amigo, ou amiga, esperta como a Terê, e uma turma legal como a deles. Ah, e descobrir um poeta que tope ser entrevistado.

Carlos Felipe Moisés

Índice dos poemas

títulos e parte do (ou todo o) primeiro verso dos poemas sem título

Descrição das imagens

Capa, p. 3, 4, 89, 91, 92, 93, 94, 95, 96, 98, 100, 135, 138, 139 e 140 (detalhe): Fernando Pessoa caminhando pelas ruas de Lisboa (foto sem data, anos 1920). Fonte: FPHP, p. 145.

P. 1: Largo de São Carlos (Lisboa), onde Fernando Pessoa nasceu. Fonte: FPHP, p. 23.

P. 2: Fernando Pessoa em foto sem data (anos 1920). Fonte: FPHP, p. 237.

P. 4 e 17: Caricatura desenhada por Almada Negreiros, logo depois de voltar do enterro do poeta. Fonte: FPHP, p. 93.

P. 4, 6, 7, 31, 38, 43 e 103 (detalhes): *A cadeira do poeta Fernando Pessoa no seu espaço poético*. Costa Pinheiro, 1979-1980. Fonte: FPHP, p. 111.

Capa, p. 4, 29 e 30: *Alberto Caeiro visto por Almada Negreiros*. Fonte: FPHP, p. 141.

P. 4, 35, 44, 46 e 50 (detalhes): *A janela – espaço poético de Fernando Pessoa e minha (com os seus óculos)*. Costa Pinheiro, 1977. Fonte: FPHP, p. 235.

Capa, p. 4, 57 e 58: *Ricardo Reis visto por Almada Negreiros*. Fonte: FPHP, p. 143.

P. 6 e 49 (detalhe), 85 e 86: *Espaço poético de Fernando Pessoa (com o seu chapéu, a sua caneta e os seus óculos)*. Costa Pinheiro, 1979. Fonte: FPHP, p. 287.

P. 6, 11 e 84 (detalhe), 184: *Fernando Pessoa no seu espaço poético*. Costa Pinheiro, 1978-1979. Fonte: FPHP, p. 127.

Capa, p. 6, 111, 112, 114, 116: *Álvaro de Campos visto por Almada Negreiros*. Fonte: FPHP, p. 139.

P. 6 e 16: Capa da 1ª edição de *Mensagem*, 1934. Fonte: FPUF, p. 413.

P. 6, 158 e 163 (detalhe), 175: Lisboa no tempo dos Descobrimentos. In: Braunio, J. *Civitates Orbis Terrarum*, 1593.

P. 8: Fernando Pessoa em 1915. Fonte: VOFP, p. 4-5. v. 2.

P. 12: Fernando Pessoa aos 2 anos e meio, aos 5 e aos 7 (Fonte: FPHP, p. 31, 35, 47), aos 13 anos (Fonte: FPUF, p. 60), aos 17 anos (Fonte: FPHP, p. 75), aos 20 anos (Fonte: FPUF, p. 136), aos 27 anos (Fonte: VOFP, p. 4-5. v. 2), aos 40 e aos 47 anos (Fonte: FPUF, p. 365, 435).

P. 13: Fernando Pessoa aos 16 anos, em frente à casa da família, em Durban / Prédio da Durban High School. Fonte: FPHP, p. 70, 53.

P. 14: Boletim escolar de Fernando Pessoa (Fonte: FPHP, p.53), Barricadas republicanas nas ruas de Lisboa, em 1910 / Capa da revista *A Águia* (Fonte: FPUF, p. 138, 148).

P. 15: Capa do 1º número da revista *Orpheu* / Capa do número único da revista *Portugal Futurista* / Capa da 1ª edição de *Antinous*, pela Olisipo, em 1918. Fonte: FPUF, p. 220, 247, 259.

P. 16: Ofélia de Queirós, em 1918 / Fernando Pessoa com sua mãe. Fonte: FPHP, p. 167, 24.

P. 17: Foto de 1929, com a dedicatória a Ofélia de Queirós: "Fernando Pessoa em flagrante *delitro*". Fonte: FPUF, p. 369.

P. 18 e 21: *O poeta Fernando Pessoa*. Costa Pinheiro, 1979. Fonte: FPHP, p. 289.

P. 23: Cartão comercial da primeira editora fundada por Fernando Pessoa (Fonte: FPHP, p. 191), Logomarca da segunda editora fundada por Fernando Pessoa (Fonte: FPUF, p. 3000).

P. 55: Mapa astral de Alberto Caeiro, feito por Fernando Pessoa. Fonte: FPHP, p. 229

P. 59, 61, 63, 65, 67, 69, 71, 73 e 75 (detalhe): *O chapéu – heterônimo do poeta Fernando Pessoa*. Costa Pinheiro, 1979-1980. Fonte: FPHP, p. 117.

P. 76 e 80: *Os óculos do poeta Ricardo Reis – heterônimo de Fernando Pessoa*. Costa Pinheiro, 1980. Fonte: FPHP, p. 221.

P. 83: Mapa astral de Ricardo Reis, feito por Fernando Pessoa. Fonte: FPHP, p. 217.

P. 99 (detalhe): Fernando Pessoa caminhando pelas ruas da Baixa, em Lisboa, em 1927. Fonte: FPHP, p. 21.

P. 104, 106-107 (detalhe): *Fernando Pessoa – só*. Costa Pinheiro, 1976-1977. Fonte: FPHP, p. 291.

P. 122: Ilustração para o poema "Tabacaria". Fernando Azevedo, 1952-1953. Fonte: FPHP, p. 283.

P. 142: Lisboa e o rio Tejo na época de Fernando Pessoa. Fonte: FPHP, p. 229.

P. 170: *O Fernando foi ali, já vem*. Victor Belém, 1978. Fonte: FPHP, p. 163.

P. 173: Cena da Batalha de Alcácer-Quibir (1578), na concepção de gravurista anônimo, reproduzida por Miguel Leitão de Andrada na obra *Miscellanea* (1629).

P. 174: El-Rei d. Sebastião, retratado por Cristóvão de Moraes (século XVI). Fonte: FPHP, p. 156.

FONTES:

FPHP – *Fernando Pessoa, hóspede e peregrino*. Lisboa, Instituto Português do Livro, 1983.

FPPL – *Fernando Pessoa: poète pluriel*. Paris, Les Cahiers Centre Georges Pompidou/La Différence, 1985.

FPUF – Lancastre, Maria José de. *Fernando Pessoa: uma fotobiografia*. Lisboa, Imprensa Nacional/Casa da Moeda, 1984.

VOFP – Simões, João Gaspar. *Vida e obra de Fernando Pessoa*. Lisboa, Bertrand, 1951. 2 vols.